KB154222

공간 디자이너 박정희

공간 디자이너 박정희

전상인 저

기파랑

목 차

서론

제**1**장

서 론

삶과 공간은 서로 불가분의 관계다(김형국, 1997:3-5). 전근대와 근대를 가르는 기준은 다양하지만, 양자는 공간의 관점에서도 뚜렷이 구분된다. 일반적으로 전근대사회는 공간 결정적space-contingent이었다. 주어진 공간에 의해 삶이 크게 좌우된다는 의미에서 이는 환경결정론environmental determinism이라 불리기도 한다. 물론 근대사회라고 해서 주어진 공간환경 전체를 극복했다거나 극복할 수 있다는 것은 아니다. 공간환경은 근대 인간의 삶에 대해서도 여전히 크고 작은 영향력을 행사한다. 그럼에도 근대사회는 상대적으로 공간 형성적space-forming이다. 말하자면 인간의 힘으로 공간을 질적, 양적으로 변형시키는 정도가 커졌다는 뜻으로, 다른 말로 바꾸면 근대는 환경가능론environmental possibilism의 시대다.

인류 문명사의 차원에서 볼 때 근대적 이행은 일련의 공간 혁명space revolution을 전제 혹은 수반한다. 근대국가의 공리주의적 속성은 중앙집권화와 전국시장의 형성 등을 통해 국가 건설, 경제성장, 사회 통합을 추구하게 하며, 이 과정에서 국토와 도시 구조, 교통 체계 등이 획기적으로 재편되기 때문이다. 근대화 혁명은 곧 공간 혁명이다. 그리고 공간 혁명은 공간을 대상으로 하는 대규모, 장기적 공공계획public planning을 배경으로 진행되었다. 그 대표적인 사례가 1848년 2월 혁명 직후에 착수된 파리 대개조 사업이었고, 20세기에는 국가 주도 공공계획이 범세계적으로 붐을 이루면서 나라마다 희비가 교차하였다(스콧, 2010).

　　1960년대 이후 박정희가 주도한 한국의 급속한 근대화 프로젝트 역시 일련의 공간 혁명과 더불어 진행되었다. 1948년에 출범한 한국의 근대국가modern state는 박정희 시대에 들어와 '발전국가developmental state'로 재설계, 새출발하였고, 발전국가의 경제개발 과정에서 한국의 공간은 실로 상전벽해桑田碧海의 변화를 경험하였다. 그리고 그 핵심에는 위대한 '공간 전략가' 혹은 탁월한 '공간 디자이너' 박정희가 있었다. 그럼에도 지금까지 발전국가의 공공계획을 국토나 도시, 교통 등 공간적 차원과 유기적으로 연계하여 논의하는 경우는 거의 없었다. 또한 공간의 개발이나 생산, 배치 등에 대한 박정희 개인의 혜안과 역량에 집중한 연구도 별로 찾아보기 어려웠다. 그 결과, 발전국가의 구체적인 현장이자 가시적인 성취였던 공간 영역은 박정희 연구사의 공백으로 남아있는 것이 사실이다.

　　이 책은 박정희 시대 국가 주도 경제계획이 국토, 도시, 교통

등에 걸친 공간정책과 동전의 양면을 이룬다는 입장에서 출발한다. 1960-70년대 대한민국 발전국가의 승리와 공간정책의 성공을 동일한 궤적에서 이해하려는 시도인 것이다. 이를 위해 제2장에서는 근대국가와 발전국가가 공간 혁명과 맺고 있는 역사적 친화성을 공간 생산 및 공간계획의 관점에서 검토한다. 그리고 한국의 합리적 종합계획을 주도한 '총괄계획가master planner' 박정희의 면모를 탐구한다.

　　제3장에서 제5장까지가 이 책의 본론 부분이다. 제3장은 국토정책을 주로 다루는데, 국토가 전반적으로 어떻게 개발되고 재편되었는지, 그리고 산업단지와 공업도시가 어떤 과정을 통해 태동하게 되었는지를 개괄한다. 제4장에서는 국토정책에 대해 바늘과 실의 관계를 구성하는 교통정책을 주로 다룬다. 철도와 도로가 교통정책의 핵심 내용이지만, 경제발전 계획과 결부하여 그 가운데 주로 산업철도와 고속도로, 그 중에서도 경부고속도로에 집중하게 될 것이다. 여기에 핵심 물류 인프라로서 항만이나 항공교통이 추가된다. 제5장은 도시정책이다. 여기에서는 1960-70년대 우리나라의 전반적인 도시화 진행 과정과 그것에 대한 대응으로 출현한 도시계획 부분을 살펴볼 것이다. 이어서 도시계획의 구체적인 현장을 들여다볼 것인데, 전체 도시들을 대상으로 하는 대신 이 책에서는 수도 서울에 집중하였다.

　　제6장 결론 앞에 '보론'의 형식으로 두 개의 챕터를 추가한다. 첫째는 박정희 시대의 주택정책을 평가하는 것이고, 둘째는 박정희 시대의 환경정책을 논의하는 것이다. 주택정책은 크게 보면 공간정책의 일환이기는 하나 국토, 도시, 교통 분야의 정책과는 다소 성격

및 수준이 다르다는 점에서 따로 보론의 형태를 취했다. 환경 영역 또한 국토나 도시, 교통 등과 같은 공간의 문제이기는 하나 이들에 비해 환경문제는 공간의 양적 차원이 아니라 질적 측면에 해당하는 특성이 있으며, 일반적으로 국토나 도시, 교통정책과 서로 대립하는 경우가 적지 않다. 이런 이유로 이 책에서는 환경정책을 보론의 형식으로 다루었다. 어쨌든 주택정책과 환경정책을 포괄하게 됨으로써 박정희 시대의 공간정책을 보다 종합적으로 이해할 수 있는 기회가 마련되지 않았을까 생각한다. 제6장은 요약과 결론이다.

근대국가,
발전국가
그리고 공간

제2장

근대국가, 발전국가 그리고 공간

1. 근대국가와 공간 생산

인간은 시간적 존재이자 공간적 존재다. 인간의 삶은 시간과 공간에 걸쳐 영위되며, 그런 만큼 특정한 시간과 공간에 반드시 흔적을 남긴다. 인간이 모여 사는 사회도 시간적 차원과 공간적 차원 양쪽에 걸쳐있다. 말하자면 역사가 사회의 시간적 차원에 해당한다면, 역사의 구체적 무대는 다름 아닌 공간적 차원이다. 기나긴 인류 역사에서 변화가 상대적으로 보다 뚜렷했던 것은 공간이라기보다 시간이었다. 17세기 이후 유럽이 특히 그랬다. 그 이전만 해도 공간은 주어진 혹은 불변의 자연 같은 것이었고, 그 바탕 위에서 시대별로 다른 역사가 진행되어왔다. 시간에 비해 공간은 별로 중요한 변수가 아니었다. 사회변동의 주역을 공간의 차원이 아닌 시간의 차원에서 찾는 관행은 따라서 학문적으로 역사주의historicism의 오랜 패권을 야기하기도 했다(전상인, 2017:17-20). 세상은 시간의 흐름에 따라 변하는 법인데, 궁극적으로는 모든 공간의 삶이 유사하게 수렴된다는 것이 역사주의의 관점이었다.

물론 크고 작은 공간적 변화 자체는 인류 역사와 늘 함께 했다. 삶의 공간이 새로 발견되거나 개발되기도 했고, 나름의 공간적 대이동도 없지 않았다. 또한 정치변동이나 전쟁 등을 통해 공간의 구획이나 배치가 달라지는 일도 다반사였다. 하지만 인류의 공간 경험에 있어서 실로 획기적인 변화가 나타나기 시작한 것은 근대 이후였다. 독일의 법철학자 칼 슈미트는 1942년에 낸《땅과 바다》라는 저서에서 이를 '공간 혁명'이라 표현했다. 그는 세계사를 공간의 변화를 중심으로 재인식해야 한다고 주장하면서, 16-17세기 유럽에 의해 시작된 신대륙 발견과 세계 일주 항해를 공간 혁명의 시작으로 이해했다. 슈미트에 의하면 그것은 "진정한 의미에서 최초의 완벽한 지구적 규모의 공간적 혁명"으로, 그 이전까지 인간이 갖고 있던 이른바 '호로 바쿠이horror vacui', 곧 '빈 공간에 대한 공포'를 일소하였다. 공간에 대한 인류의 수동적 태도가 능동적 자세로 바뀌는 순간이었다.

신대륙 발견에 따른 공간의 세계화가 공간 혁명의 한 가지 측면이라면 또 다른 측면은 '근대국가modern state' 등장에 따른 공간적 지배 능력의 획기적 강화이다. 근대국가는 통치 목적을 '최대다수의 최대행복'에 두는 이른바 공리주의 이념에 입각하여 영토 내 인적 및 물적 자원에 대한 지식과 통제 수준을 전근대국가가 비교할 수 없을 정도로 끌어올렸다. 전근대국가가 질서를 지키고, 세금을 징수하고, 군대를 양성하는 정도에 만족했다면, 근대국가는 인구나 자원들에 대한 직접적인 지배를 통해 생산성을 높이고 국민의 행복도를 증대하는 데 열중했다. 자연과 공간에 대한 과학적 관리와 효율적 개발은 근대국가의 핵심적 특징 가운데 하나였다.

근대국가에서는 자연과 공간을 보는 시선이 근본적으로 바뀌었다. 정치인류학자 스콧은 이를 '국가처럼 보기seeing like a state'라는 말로 요약하였다. 말하자면 전근대사회의 군주가 세상을 보는 눈과 근대국가의 지도자가 세상을 보는 눈이 근본적으로 다르다는 의미다. '국가처럼 보기'에 있어 키워드는 '가독성可讀性, legibility'과 '단순화simplification'이다. 근대국가는 표준화된 측정술이나 소유관계의 법제화, 지적도의 발명 등을 통해 공간을 읽기 쉽고 편하게 만들었을 뿐아니라, 국토나 도시계획의 상시화나 체계적 교통망의 수립 등을 통해 공간에 대한 적극적 개입 자체를 국가의 핵심적 책무로 인식했다. 말하자면 근대 공리주의 국가에 의해 공간의 가치는 재발견되었고, 공간계획은 궁극적으로 계몽주의적 모더니즘의 핵심 프로젝트가 된 것이다.

이런 사정을 배경으로 하여 20세기 후반 이후 학계에서는 시간 축을 중시하는 역사주의에 대항하여(혹은 그것을 보완하기 위해), 공간을 사회분석의 중심에 두는 경향이 태동하였다. 사회 인식의 공간화spatialization 혹은 사회분석의 공간적 전환spatial turn은 이를 표현하는 주요 개념들이다. 이러한 추세의 첫 포문은 프랑스 철학자 미셸 푸코

(Foucault, 1986)가 열었다. 그는 공간을 "죽은 것, 고정적인 것, 비변증법적인 것, 정지된 것"으로, 시간을 "풍요로운 것, 비옥한 것, 살아있는 것, 변증법적인 것"으로 대비해 왔던 19세기식의 역사주의에 의문을 제기하였다. 그는 현대와 같은 "동시성의 시대, 병치竝置의 시대, 원·근遠·近 병존의 시대"에는 시간이라는 요인보다는 공간이라는 변수가 더욱 중요하다고 본 것이다.

프랑스의 철학자이자 사회학자인 르페브르(2011)는 여기서 한 걸음 더 나아갔다. 무엇보다 그는 '공간의 생산production of space' 이론을 제시했다. 그에 의하면 공간은 원래 존재하는 바도 아니고 그냥 주어지는 것도 아니다. 대신 그것은 복잡한 과정을 거쳐 의도적으로 생산된다고 보았다. 르페브르는 자연과 공간을 구분했다. 공간은 자연 그 자체가 아니라 공간 생산의 결과로 나타나는 하나의 사회적 산물이 된다는 의미에서다. 기본적으로 마르크스주의자였던 르페브르는 지금까지의 역사를 '계급투쟁의 역사'로 보는 대신 '공간 갈등의 역사'로 해석하고자 했다. 그는 사회와 더불어 변화하는 공간은 그것 나름의 역사가 존재한다고 믿었으며, 하나의 생산양식이 공고해지기 위해서는 그것 특유의 공간구조와 공간 관계를 발생시켜야 한다고 생각했다.

르페브르가 볼 때 공간의 생산자는 일차적으로 국가이다. 그가 당시 국가를 비판했던 것은 '자본주의 국가'였기 때문이다. 그에 의하면 "새로운 형태의 국가, 새로운 형태의 정치권력은 그 나름의 공간 구획 방식을 가진다." 중요한 점은 여기서 르페브르가 말하는 공간이 단순한 물질적 상태나 물리적 대상을 지칭하는 것이 아니라는 사실이다. 보다 더 주목할 대목은 공간을 생산하고 변형하는 일련의 '공간계획'이다. 공간 생산의 논리에 따르면 '국가 공간'은 물리적 공간임과 동시에 사회적이고 심상적心象的인 공간이 된다. 공간 생산의 특정한 방식과 결과가 사회적인 동의, 곧 헤게모니를 획득하는 일과 연결되는 것이다. 이처럼 사회적 과정을 통해 공간의 생산이 이루어지고, 사회적 과정이 다시 공간을 통해 매개되는 상황을, 소자(1997:13-17)는 '사회·공간 변증법'이라 불렀다.

공간 생산의 주체가 국가라고 해서 공간 생산에 관련된 국가권력이 완전히 자의적 존재라는 뜻은 아니다. 그렇다고 해서 국가권력이 지배계급의 하수인이나 대변인 역할만 하는 것도 아니다. 자본주의 체제 하 국가의 위상과 관련하여 제솝(Jessop, 1990)이 '전략적 선택성strategic selectivity'이라는 개념을 사용하는 것은 이런 맥락에서다. 그가 말하는 전략적 선택성은 "권력이란 국가 그 자체에 내재한 본질적인 그 무엇이 아니라, 국가 안에서, 그리고 국가를 통해서 작동하는 여러 사회세력들 사이에 끊임없이 지속되는 사회정치적 투쟁과 전략적 상호작용"의 산물이라는 점을 지적하고 있다. 제솝에 의하면 "국가는 곧 정치적 전략state as political strategy"이다.

제솝의 국가 이론을 공간 생산 내지 공간계획의 영역으로 구체적으로 끌어들인 것은 브레너(Brenner, 2004)이다. 그는 제2차 세계대전 이후 서구의 지역균형정책을 '공간적 케인즈주의'의 관점에서 설명하면서, 이른바 '국가공간론'을 제안했다. 브레너에 의하면 국가는 다양한 공간정책을 상황에 따라 전략적으로 구사하는데, 산업정책이나 주택정책, 노동정책, 지역개발정책 등은 모두 직접적 혹은 간접적으로 공간 효과를 겨냥한다. 이것이 이른바 '국가 공간 프로젝트state spatial project' 혹은 '국가 공간 전략state spatial strategy'인데, 이 과정에서 국가는 특정한 지역이나 공간을 우대하거나 배려하게 된다. 이를 브레너는 국가의 '공간적 선택성spatial selectivity'이라 불렀다.

근대국가와 공간 생산의 관계는 반드시 자본주의만 배경으로 하는 것이 아니다. 물론 근대국가의 대표적인 속성 가운데 하나로 '자본주의 국가capitalist state'라는 점을 부정할 수 없다. 그러므로 국가는 자본축적이나 노동력 재생산 등을 위해 공간을 부단히 생산하고 변형한다. 하지만 근대국가의 또 다른 얼굴은 '영토국가territorial state'이다. 정당한 폭력의 독점자로서 근대국가는 특정 영토 내 인구, 상품, 자본 등의 흐름을 효율적으로 포획하고 관리한다. 자신의 배타적 지배권을 공간적으로 구축하는 일이야말로 국가권력의 근본적 존재이유인 것이다(들뢰즈·가타리, 2003). 이와 덧붙여 근대국가는 국가체계 속에 존재하는 지정학적 행위자로서의 '안보국가security state'이다. 전쟁을 준비하거나 전쟁에 대비하는 과정에서 국가권력은 공간의 생산과 변형 과정에 강력히 개입한다. 요컨대 근대국가는 자본주의 국가로서, 혹은 영토국가로서, 혹은 안보국가로서 공간 문제에 대해 매우 적극적이고도 능동적인 관심을 갖고 있다는 점에서 전근대국가와 뚜렷이 구분된다.

2. 발전국가와 공간계획

17세기 이후 서유럽에서 처음 등장한 근대국가 모델은 이른바 '근대화의 세계화' 과정에서 전 세계로 전파되었다. 그 결과, 비서구 지역 대부분이 식민지로 전락하였으며, 그곳에서 근대국가의 형태로 독립국가들이 다시 출현하게 되는 것은 제2차 세계대전 이후였다. 아시아, 아프리카, 남미 등 이른바 제3세계 지역의 신생국가들은 서구의 발전경험을 조만간 뒤쫓아 갈 것으로 예상, 기대되었는데, 1950-60년대 학계를 풍미한 '근대화 이론modernization theory'의 핵심 가정이 바로 그것이다. 그러나 제3세계의 개발도상국들이 서구에 필적하는 근대화, 곧 경제발전과 민주주의를 이룩할 것이라고 전망한 근대화 이론은 대체로 희망적 사고wishful thinking로 끝나고 말았다.

이런 상황에서 서구의 발전경험이 비서구 지역에서 똑같이 재연되기 어렵다는 주장이 나타나기 시작했는데 그것은 다름 아닌 서구의 주류 학계 안에서였다. 돌이켜볼 때 이는 근대화 이론에 대적하는 이른바 '종속이론dependency theory'이 1960년대 후반 무렵 비서구 지역에서 자생적으로 출현하기 이전의 일이었다. 당시 근대화 이론의 일환이었던 신고전주의 발전경제학에서는 시장원리에 기반한 균형성장을 신봉하고 있었다. 말하자면 근대적 이행과정에서 국가의 적극적인 개입은 논외論外로 치부되던 시절이었다. 이런 분위기 속에서 경제성장을 위한 국가의 선도적 역할을 주문한다는 것은 일종의 이단異端이었다.

1958년 미국의 경제학자 허쉬만(Albert O. Hirschman, 1958)은 서구와는 달리 제3세계의 경제발전에는 특단의 국가전략이 필요하다는 주장을 했다. 이는 남미 콜롬비아에서 자신이 경제고문으로 활동했던 경험에 기초한 것이었는데, 정통 경제학자가 경제발전을 위해 국가의 전략이 필요하다고 선언한 것은 당시의 분위기에서 매우 이례적인 발상이었다. 허쉬만은 공공계획을 통한 경제발전 전략을 제시했을 뿐 아니라, 특히 그것을 공간이론과 결합했다는 점에서 이채로웠다. 허쉬만은 제3세계 후진국이 경제성장을 성취하기 위해서는 시장의 작동 원리에만 의존해서는 안 되며, 어떤 식으로든 '유인기제inducement mechanism'가 필요하다고 역설했는데, 바로 그것이 다름 아닌 국가의 역할이었다. 그는 멈춰져 있는 경제에 처음 발동을 걸기 위해서는 모종의 외부충격이 필요하다고 보았다. 또한 그는 국가가 국민에게 '할 수 있다'는 자신감, 이른바 '가능주의可能主義, possiblism'를 고취해야 한다고 주문했다.

경제발전을 위한 국가의 적극적인 역할을 강조했던 허쉬만은 균형성장론 대신 불균형성장론을 제시했다. 경제의 모든 부문이, 그리고 국가의 모든 지역이 일제히 성장하는 일은 사실상 허구라고 말하면서 특히 후진국에서는 공간적으로 특정 지역 주도의 '추진력 forward thrust'이 불가피하다고 주장했다. 이런 맥락에서 그는 이른바 '성장거점growth pole'의 육성을 강조하였다. 경제발전은 '산업적 분위기industrial atmosphere'가 형성된 성장 중심지에서 시작되어야 하며, 상당한 기간 동안 경제의 이중성 내지 양극화 효과를 용인할 수밖에 없다고 보았다. 허쉬만의 신념은 장기적으로 소위 '누수효과trickling-down effect'를 통해 낙후지역으로도 성장의 효과가 파급될 것이라는 것이었다.

성장거점을 통한 불균형성장론에 있어서 허쉬만이 특별히 강조한 것은 공공투자 방식에 관한 것이다. 후진국의 경우 일반적으로 공공투자의 여력이 적은 편이어서 그것의 배분은 매우 중요하다. 이때 허쉬만은 대중인기영합주의 혹은 포퓰리즘이 판을 치던 남미에서 자신이 직접 목격하거나 경험한 것을 교훈으로 삼아 '성장지역 집중형' 공공투자의 필요성을 주장하였다. 그에 의하면 국가는 대도시나 특정 지역에 공공투자를 집중할 필요가 있으며, 나눠먹기식 '분산형 공공투자'나 '낙후지역 발전 촉진형' 공공투자는 장기적으로 투자의 비효율적 낭비와 저성장의 지속을 초래한다는 것이다. 그가 개발도상국에서 크게 경계한 것은 공공투자에 관한 의사결정이 합리적으로 결정되는 것이 아니라 정치적으로 고려되고 흥정되는 포퓰리즘의 문제점이었다.

그 무렵, 경제발전을 위한 공공계획의 중요성을 강조한다는 점에서는 허쉬만과 유사했지만 공간이론의 측면에서는 뚜렷이 대비되는 주장이 제기되고 있었다. 그것은 미국의 경제학자 뮈르달Gunnar Myrdal이 인도에서 자신이 경험한 것을 배경으로 하여 주장한 '지역균형개발론'이다. 허쉬만은 생산요소 및 상품의 자유로운 이동을 통해 지역 간 소득균형 효과가 발생한다고 예상했지만, 뮈르달은 현실적으로 생산요소, 특히 노동은 마음대로 이동할 수 없다고 생각했다. 결국, 뮈르달은 성장거점을 통한 불균형성장 정책에는 '파급효과spread effect'보다 '역류효과feedback effect'가 더 큰 법이어서, 궁극적으로 지역 간 불균형 발전이 심화되고 고착될 것으로 예상했다. 그러므로 그는 개발도상국의 지역개발은 처음부터 공간적 균형을 배려하지 않으면 안 된다고 충고했다.

한편, 1960년대 이후에 종속이론이 광범위하게 확산되기 시작했다. 근대화 이론이 제3세계 국가도 언젠가는 선진국을 따라갈 수 있다는 낙관론에 입각해 있었다면, 종속이론은 후진국들의 경우 구조적으로 결코 선진국 수준에 도달할 없다는 주장을 내세웠다. 말하자면 선진국의 발전과 후진국의 낙후는 동전의 양면처럼 서로 분리될 수 없다는 것이다. 근대화 이론은 '미未발전un-development' 개념을 통해 언젠가는 후진국도 선진국이 될 수 있다고 본 반면, 종속이론은 '저低발전under-development' 개념을 통해 그런 일이 구조적으로 불가능하다고 보았다. 후진국들이 구조적으로 불평등한 자본주의 세계체제 속에 위치하고 있는 한, 경제발전은 끝내 무망하다는 것이 종속이론의 핵심 주장이었다. 그러므로 남미 지역을 중심으로 종속이론이 근대화 이론의 대안으로 주장한 것은 세계적 차원의 프롤레타리아 혁명이었다.

하지만 1970년대를 전후하여 세계경제의 종속적 위치가 후진국을 반드시 저발전의 늪에 빠지게 하는 것은 아니라는 사례가 동아시아 일부 국가들 사이에서 확인되기 시작했다. 말하자면 동아시아의 이른바 신흥공업국가NICs, Newly Industrializing Countries들은 종속이론의 예외 경우로서, 종속과 발전이 상호 배치되는 것이 아니라 상호 융합되는 이른바 '종속 발전dependent development'을 경험했다. 대표적인 나라들은 '아시아의 네 마리 용'으로 불렸던 한국, 대만, 홍콩, 싱가포르 등이었다. 동아시아 국가들의 급속한 자본주의 발전을 설명하기 위해 유교에 기반한 문화적 전통, 공통의 식민지 경험, 지정학적 배경에서 촉발된 강력한 민족주의 정서, 역내 냉전체제 등의 요인이 논의되기도 했지만, 급속한 경제발전의 주역은 역시 국가라고 하는 점이 크게 부각되었다. 학계에서는 이를 일반적으로 '발전국가developmental state'라고 부르고 있다.

　　동아시아 발전국가의 기원 내지 원형은 제2차 세계대전 이전의 일본이다(Charlmers Johnson, MITI, 1982). 일본은 19세기 서구 열강들의 제국주의에 맞서 비서구 지역에서는 거의 유일하게 독립을 유지하면서 자본주의적 산업화를 스스로 이룩한 케이스다. 그리고 그 배후에는 메이지유신明治維新을 통해 태동한 일본의 '근대국가'가 있었다. 1920년대 이래 일본의 근대국가는 통상산업성MITI, Ministry of International Trade and Industry을 앞세워 강력한 '산업정책'을 추진했다. 일본에서는 민간의 자본가가 아닌 국가가 산업화의 주역이었던 것이다. 이를 영미권의 소극적 규제형 국가와 구분하기 위해 차머스 존슨은 '발전국가'라는 용어를 제안했다.

　　발전국가는 '계획 합리성plan-rationality'에 입각한 시장과 국가의 결합을 통해 경제성장에 성공하는 경우를 의미한다(Woo-Cumings, 1999). 한 나라의 경제가 작동하는 기본 원리는 자본주의 체제에서처럼 시장market이 중심이 되는 방법도 있고, 사회주의 체제에서처럼 계획plan이 주도하는 방법도 있다. 또한 한 나라 경제의 최종 목표를 합리성rationality의 구현에 설정하는 접근도 있고 특정 이념ideology의 실천에 두는 사례도 있다. 가령 영미英美 자본주의가 시장을 통한 합리성을 추구하는 경제라면(이른바 시장합리적 체제), 현실사회주의는 계획에 입각한 이념적 실천을 추구하는 방식(이른바 계획이념적 체제)이었다. 이에 비해 동아시아의 발전국가는 이데올로기 대신 합리성을 중시하되, 그것을 시장이 아닌 계획을 통해 추구한다는 의미에서 '계획합리적' 체제이다(그림 1 참조).[1]

|**그림 1**| 발전국가의 계획합리성

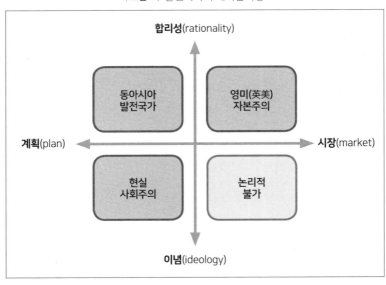

---

1 시장이념적(market-ideological) 체제는 논리적으로 성립되지 않는다.

    박정희 시대의 공간계획은 바로 이와 같은 발전국가 개념의 틀 속에서 설명될 필요가 있다. 경제활동은 특정한 종류의 자원들이 특정한 공간에서 특정한 방법으로 결합하는 양상을 보이는데, 경제발전 정책에서 특히 그렇다. 공간적 차원 없는 성장모델은 원천적으로 상상할 수 없는 것이다. 성장모델의 축적 전략은 성장모델의 공간적 제도화에 다름 아니기 때문이다(손정원, 2006:47). 박정희 시대 발전국가의 공간적 선택성은 외형상 불균형 성장이었다. 뮈르달식 균형 발전이 아니라 공간적으로 제한된 가용자원을 소수의 장소에 집중하는 허쉬만식 경제성장 전략이 두드러졌다(손정원, 2006; 오원철, 1996).

    그럼에도 박정희 시대 발전국가가 공간적 불균형 성장에 일방적으로 경도된 것은 결코 아니었다. 무엇보다 경제개발계획이 처음 발표될 무렵에는 이전 정부의 경제성장 이론, 곧 '수입대체산업화 전략'과 '경제구조의 균형적 개발'을 따랐다. 그러다가 1964년에 경제개발계획이 대폭 수정되면서 수출주도산업화 전략으로 급전환했고, 그 과정에서 불균형성장론이 채택되게 된 것이다(박태균, 2007:320~340). 게다가 불균형 성장이 효과를 발휘하는 동안에도 박정희가 지역 간, 그리고 도농 간 공간적 균형 문제에 지대한 관심을 표명한 것은 부인할 수 없는 사실이다.

    1970년대 새마을운동은 도농 간 공간적 균형 발전을 국가적 차원에서 진작한 사회운동 캠페인이었으며, 1978년에 국토개발연구원을 설립하면서 핵심 사명으로 국토균형개발을 지시한 것 역시 불균형성장론이 박정희 대통령의 유일한 공간철학 혹은 궁극적 공간사상은 아니었다는 사실을 웅변해 주고 있다. 1970년대의 이러한 지역균형정책의 도입과 보완은 조국근대화나 경제적 민족주의 담론과 더불어 공간적 불균형에도 불구하고 균등한 공간이라는 심상적 공간men-tal space을 생산하기도 했다(김동완, 2009; 박배균, 2013). 박정희의 발전국가가 시종일관 불균형성장론에만 집착했다면 지속 가능한 고도 경제성장도 불가능했을 뿐 아니라 어떤 의미에서 박정희 시대의 장기집권 또한 어려웠을 것이다. 무작정 내지 무한대의 불균형 성장은 정치적으로도 불리했기 때문이다.

3. '공공계획가' 박정희

역사적으로 공공계획은 근대국가와 함께 등장했다. 근대국가의 공리주의적 속성은 공공계획을 한편으로 필요하게 만들었고 다른 한편으로는 가능하게 만들었다. 국가권력의 정당성이 세습이나 카리스마에 의해 주어지는 것이 아니라, 구체적인 업적과 가시적인 성취에 의해 판가름 나는 만큼 공공계획을 통한 통치의 효율성 제고는 필수불가결한 것이 되었다. 또한 발전된 관료제와 안정된 재정, 그리고 지식과 정보력으로 무장된 근대국가는 그러한 공공계획의 입안과 실천을 가능하도록 만들었다(권태준, 1998). 계획이 "오늘날 거의 대부분의 산업국들에 있어 국가행위의 지배적 양식"으로 되어 있는 것은 이 때문이다.

국가 주도 공공계획의 원조이자 전형은 이른바 '합리적 종합계획rational-comprehensive planning'이다. 계몽주의와 합리주의, 그리고 논리실증주의에 기초한 합리적 종합계획은 기본적으로 '목적-수단 도식means-end schema'을 의미한다. 목적을 달성할수록 그것은 '좋은 계획'이라는 뜻이며, 일반적으로 좋은 계획은 '도구적 합리성'의 추구를 통해 이루어진다고 본다. 합리적 종합계획의 관점에서 미래는 결코 행운이나 운명의 대상이 아니다. 합리적 종합계획은 또한 기회주의적 발상 혹은 유토피아적 접근도 배격한다. 합리적 종합계획이 무엇보다 계몽주의와 친화력을 가지는 것은 인간의 노력과 의지에 따라 사회는 진보할 수 있다는 믿음과 기대 때문이며, 이런 점에서 '할 수 있다는 정신can-do spirit'이 매우 중요한 역할을 한다.

경제발전을 위한 발전국가의 계획자산은 국가이론에서 말하는 이른바 국가능력state capacities 개념을 활용하여 논의될 수 있다(Evans, Rueschemeyer and Skocpol, 1985 참조). 첫째는 관료제의 발전이다. 이때 중요한 것은 관료제가 단기적 '조직형성'의 문제가 아니라 장기적 '제도 건설'의 문제라는 사실이다. 곧, 베버가 일반적으로 말하는 근대관료제를 넘어, 엘리트 의식으로 무장된 관료들이 국가발전을 위해 매진하겠다는 사명감과 자부심으로 충만되어 있어야 한다는 점이다. 이런 점에서 우리나라의 경우 고등고시 출신 혹은 군 출신 테크노크라트의 성장과 중용重用은 1960년대 이후 발전국가의 행보에 매우 중요한 역할을 했다.

둘째는 재정이다. 두말 할 나위 없이 재정은 국가의 신경이자 근본이다. 박정희 정부는 외국으로부터의 무상원조가 끊긴 데다가 국내 저축이나 징세 여력이 여의치 않은 당시의 우리나라 상황에서 경제개발 종잣돈 마련의 돌파구를 대대적인 차관 도입에서 찾았다. 여기에 일본의 과거 식민지 배상금과 한국군의 베트남 파병에 대한 미국의 금전적 대가가 보태졌다.

셋째는 지식과 정보experties and knowledge이다. 이는 '아는 것이 힘'이라는 뜻으로 아무리 관료제가 유능하고 재정이 탄탄해도 국가가 아는 것이 없거나 적으면 소용이 없다는 의미이기도 하다. 한국의 경우 과거제의 전통에 따라 관료집단은 지적으로 고급인력에 속했고, 강한 국가가 확보한 공공지식 또한 다른 후진국들에 비하면 뛰어난 편이었다.

합리적 종합계획은 문자 그대로 합리적 선택의 연속 과정이다 (Meyerson and Banfield, 1964). 첫째는 '상황분석analysis of situation'의 단계로서 시간이나 예산, 인력, 정보, 기술 등의 측면에서 모든 행동 과정을 사전에 제시하고 열거한다. 둘째 단계는 '목적의 단순화 및 명료화end reduction and elaboration'로서, 목적을 최대한 구체적으로 수치화하는 것이 실천에 유리하다. 셋째는 '행동의 설계design of action'인데, 여기서는 기본 방향의 차원, 전략의 차원, 전술의 차원이 구분된다. 기본방향은 목표와 원칙의 문제, 전략의 차원은 수단과 방법의 문제, 그리고 전술의 차원은 현장과 실전의 문제다. 이 세 가지 차원을 그때그때 잘 구분하는 것이 계획의 성공 가능성을 높인다. 끝으로 결과에 대한 '비교평가comparative evaluation of consequences' 단계가 있다. 이는 특정 목표가 초래할 의도적 결과와 그것이 야기할지도 모르는 비의도적 결과unin-tended outcomes를 사전에 비교하는 것을 의미한다. 계획에서 처음 의도한 목표가 그대로 성취되는 경우는 많지 않기 때문이다.

박정희 대통령의 독특한 사업 추진 단계는 이러한 합리적 종합계획 방식과 일치하는 측면이 많았다(오원철, 2006:15-30). 첫째는 '원리의 도출' 단계였다. 이때 원리란 불변의 국가정책으로서 대통령 본인이 직접 담당하고 책임지는 과제였다. 1960-70년대 박정희가 도출한 원리는 국가경제발전을 위한 수출제일주의였다. 이러한 수출제일주의의 원리 하에 세부 전략은 그때그때 달라지고 또 달라져야만 했다. 그리고 그는 이 원리를 항상 구체적 수치로 제시했는데, 이는 원리가 단순한 정치 선전이나 구호로 흐르지 않도록 하기 위한 조치였다.

둘째는 '원칙의 수립' 단계였다. 박정희는 국가전략의 수립을 위해 우리나라 현실에 가장 합리적이고 실행 가능한 방안을 수립했다. 이를 보다 구체적으로 말하자면 다음과 같다. ① 정부 내 각 부처의 국장이나 과장급에서 사업안을 작성한다. ② 해당 장관의 결재를 얻는다. ③ 관계 장관이 배석한 자리에서 대통령에게 브리핑한다. ④ 이 회의에서 검토를 거친 후 사업이 확정된다. ⑤ 또한 그 자리에서 소요예산도 확보된다. 이러한 프로세스 가운데 박정희 대통령이 가장 애용한 것은 '브리핑 방식'으로 알려진다. 이 자리에는 총리 이하 각 부 장관, 관계기관장이 배석하고, 실무 공무원, 곧 테크노크라트가 참석하였을 뿐 아니라 대통령과의 질의응답이 자유롭게 이루어졌다. 결과적으로 원칙이 다양하게, 그리고 합리적으로 수립될 수 있는 최고의 국정 무대였던 것이다.

셋째는 '세부계획 작성' 단계이다. 세부계획은 각 부처에서 수립하는데, 성공의 공적과 실패의 책임 모두 해당 부처의 몫이 된다. 박정희 시대는 문자 그대로 신상필벌信賞必罰의 체제였다. 각 부처 장은 대통령의 신임 하에 충분한 자율성을 행사했고, 그만큼 사명감과 책임감도 컸다. 그런데 이미 앞에서 언급한대로 만약 원리와 원칙이 대통령 면전에서 제대로 확정되었다면, 세부계획 단계에서의 작업은 상대적으로 수월해지고, 자유재량의 폭도 좁아져 비리 발생의 소지 또한 확연히 줄어든다. 요컨대 박정희 대통령은 총괄계획가로서 원칙과 원리 단계만 확실히 장악하고 있는 것으로도 충분했다는 말이다.

끝으로 '집행' 단계이다. 박정희 대통령은 대형 국책사업에 착수할 경우 반드시 현장에 내려가 축사도 하고 격려도 했다. 또한 공사 중에 현지 방문을 자주 했고, 준공식에도 참석하여 노고를 치하하는 경우가 대부분이었는데, 특히 흥미로운 대목은 훈장 수여 대상자로서 현장 기술자들이 가장 많았다는 점이다. 그 밖에도 박대통령은 '수출확대회의'나 '월간경제동향보고회의' 등 유관 회의를 활성화했는데, 본인이 반드시 참석함은 물론이고 유관 업계나 해당 학계의 의견도 열심히 청취했다. 또한 회의 내용은 언론을 통해 매우 소상히 보도되어 모든 국민들로 하여금 정부 주도 경제건설에 동참하는 느낌이 들게 만들었다. 말하자면 정부와 국민을 동심일체로 만든 것이다.

여기서 중요한 점은 박정희 대통령의 합리적 종합계획이 비록 일관되기는 했지만 경직되거나 교조적인 것은 아니었다는 사실이다. 박정희는 필요할 경우 부분적으로 목표를 수정하기도 했고 상황이 바뀌면 방식이나 진로를 변경하기도 했다. 말하자면 계획 과정에서 점진주의적incremental 요소나 로드맵road map, 혹은 티핑 포인트tipping point 측면을 융통성 있게 활용했다. 대표적으로 1960년대 초 제1차 경제개발계획이 수입대체산업화에서 수출주도산업화로 급선회한 것이나, 1970년대 초 원래 경제발전계획에는 없던 새마을운동이 갑자기 최고 우선순위의 국책사업으로 등장한 것을 지적할 수 있다. 이는 우발적인 상황 변화에 기민하게 대처했다는 점을 말해줄 뿐 아니라 특히 새마을운동은 합리적 요소보다는 사회적, 정서적 요소를 극대화하는 전략이었다는 점에서 의미가 있다.

국토정책

제3장

국토정책

1. 국토개발

1) 들어가며

우리나라에서는 19세기 말까지 이렇다 할 국토계획이 존재하지 않았다. 전근대사회의 단계에서 조선을 대체로 지배했던 것은 '공간형성론'이 아닌 '공간결정론'이었다. 국토나 자연을 대상으로 하는 공간관에는 경관론景觀論이나 풍수론이 대세를 이루어 능동적인 국토개발이나 개척은 거의 존재하지 않았다. 국토를 효율적으로 이용하는 도로다운 도로 역시 없다시피 했고, 공간에 대한 정보를 담고 있는 지도 제작 또한 엄격히 통제되었다. 공간의 중요성에 대한 각성이 그나마 생겨난 것은 한말에 이르러 일부 개화파 지식인들에 의해서였고, 이에 대한제국을 선포한 고종이 이른바 '자주적 근대화'를 모색하면서 국토개발계획 문제에 처음으로 국가적 관심을 가졌다(이태진, 2005). 일제시대에 근대적 의미의 공간계획이 시행되긴 했지만, 어디까지나 그것은 수탈을 목적으로 한 파행적인 성격이 강했다.

해방과 더불어 찾아온 남북분단과 6·25전쟁은 근대국가에 걸맞은 체계적이고도 일관적인 국토정책의 수립과 추진을 더욱더 어렵게 만들었다. 국토 그 자체가 두 동강 나거나 3년 동안 전쟁의 참화를 겪었기 때문이다. 1950년대 이승만 정부가 마주한 국토계획의 새로운 과제는 막강했다. 싫든 좋든 대한민국을 냉전과 분단체제라는 지정학적 환경에 새로 적응시켜야 했고, 전통적 농업사회를 근대적 산업사회로 탈바꿈하기 위한 공간적 기반을 조성해야만 했다. 하지만 전쟁 직후인 1953년 1인당 국민총소득GNI이 67달러에 불과했던 세계최빈국 수준에서 본격적인 국토개발은 사실상 엄두도 내기 어려운 시절이었다.

전후 1950년대 우리나라의 국토개발은 뚜렷한 계획이나 내용 없이 당면한 현안에 대한 대증적, 임시방편적 대응이 주류를 이루었다. 과거 일제 치하의 파행적 국토개발로 인해 농업중심의 남한은 마땅한 성장 동력을 확보하지 못한 상황이었고, 잔존하는 농지마저도 전화戰火로 대거 파괴되었다. 시급한 전후 복구를 목표로 한 임시변통의 토목사업이 당시 국토정책의 주종을 이룰 뿐이었다. 한정된 외국 원조 경제에 의존하여 도로, 발전소, 관개시설 등이 건설되고 시멘트, 비료 등의 공장이 제한적으로 설립되었다. 장기적이고도 전면적인 국토개발이 필요했지만, 당장은 6·25전쟁 직전의 수준으로 돌아가는 것이 급선무였다.

　　모든 것이 파괴되고 부족하던 1950년대 국토개발에는 하루빨리 국가 경제를 부흥시켜야 한다는 당위적 기대만이 충만했을 뿐, 국토개발을 위해 무엇을 어디서부터 어떻게 해야 한다는, 근대국가로서의 '계획다운 계획'은 기대하기 어려웠다. 다만 전쟁이 끝난 다음 1950년대 말에 이르러 이승만 정부 내에서 경제개발계획이 구상되기 시작했다. 1960년 발표된 경제개발 3개년계획은 자립경제의 토대 구축을 최우선 목표로 한 최초의 국가적 스케일 계획이라고 볼 수 있다. 이는 무상원조에 의한 경제상황에서 벗어나고자 하는 의지의 발로였지만, 곧바로 터진 4·19혁명으로 실행에 옮겨지지 못하였다. 당시 국민들 사이에 만연하던 좌절감과 패배의식은 국가 경제수치에 그대로 반영되었다. 2.3%에 불과한 경제성장률과 15.0%에 달하는 실업률, 83달러 수준의 1인당 GNP는 1960년 무렵 혼란스러운 사회상과 국민경제의 민낯이었다.

　　이승만 정부의 경제개발 3개년계획은 4·19혁명 이후 민주당 정부에 의해 계승되었고, 이에 입각하여 1961년 5·16혁명 직전에는 국토종합계획이 최초로 발표되기도 했다. 국토계획이라는 말도 사실은 박정희 정부 이전에 나온 것이다. 박정희 정부는 이승만 정부의 경제개발계획, 그리고 그것과 짝을 이룬 민주당 정부의 국토종합계획을 부정하고 거부하기 보다는 대체로 유지하고 승계했다. 다만 박정희 시대는 국토계획 불모지였던 우리나라가 제도적 틀을 갖추고, 종합적인 장기발전계획 수립을 통해 본격적인 국토개발 도모의 시발점

始發點이 되었다는 데 의미가 있다. 박정희 시대에 있어서 경제성장과 국토개발은 사실상 동의어가 되었다.

박정희 집권 18년 동안의 국토개발에 대한 공과功過 논의는 다양하다. 압축적 고도성장을 이룩한 우리나라 국토개발사는 최고지도자 박정희 개인을 빼놓고는 이야기하기 어렵다. 국토개발에 관련하여 그가 이룩한 최초, 최고, 최대 등의 각종 수식어는 지금도 신화처럼 남아있다. 불안하고 어수선했던 당시 상황에서 '공간 전략가'로서 박정희의 안목은 아무리 강조해도 지나치지 않다. 물론 중앙집중화의 문제, 국토 불균형 발전의 문제가 부작용 혹은 의도하지 않은 결과로 나타난 것은 사실이다. 하지만 박정희에게 있어서 불균형 발전은 경제성장 초기의 불가피한 선택이었으며, 박정희 이후 시간이 흐름에 따라 자연스럽게 해소된 측면도 많았다. 무엇보다 박정희 당대에도 국토개발의 불균형을 해소하려는 노력이 적잖이 구사되었다.

2) 1960년대

1961년 5·16 군사혁명으로 집권한 박정희 정부는 전임 정부의 경제개발계획과 국토건설사업을 부정하는 대신 대체로 승계하였다. 5월 18일 군사혁명위원회는 포고령 제12호에서 다음과 같이 밝혔다. "국토건설사업은 민족적인 과업이며 어떤 권력이나 정치력에 지배되어서도 안 됨으로 국토건설사업은 예정대로 계속 진행한다"(국토개발연구원, 1996:52). 짧은 군사정부 기간을 지나 1963년 12월 제5대 대통령으로 취임한 박정희는 경제개발을 착수함에 있어 본격적인 국토개발을 위한 제도적 기반 정비에 나섰다.

첫째, 국토개발 담당기관의 위상을 명확히 하였다. 우선 1961년 6월 부흥부가 건설부로 명칭을 변경하였다. 같은 해 7월 22일에는 정부조직법 개정에 따라 경제기획원이 신설되었고, 건설부는 경제기획원 내 산하기관인 국토건설청으로 전격 배치되었다. 경제기획원이 주도하는 경제개발계획의 맥락에서 국토건설사업을 관장하라는 의미에서였다. 그러나 1962년 6월에 이르러 국토건설청은 별도의 건설부로 승격되었고, 국토개발 담당 주무 부서로서의 전문성과 책임성이 한층 강화되었다.

둘째, 국토개발의 법적 기틀을 마련하였다. 1962년 11월 당시 박정희 국가재건최고회의 의장의 지시에 따라 시달된 내각수반 지시각서 제53호는 우리나라 국토계획의 제도적 초석이 된 문서라고 볼 수 있다(한국경제60년사 편찬위원회, 2011:18-19). 이 각서의 내용에는 1963년 7월까지 국토종합개발계획을 수립·공포하고, 계획 수립을 위한 근거법으로 1962년 말까지 「국토건설종합계획법」의 제정을 요구하고 있다. 그 결과, 1963년에 해당 법이 제정되기는 하였지만 그것은 주로 계획의 정의, 주요 내용, 수립 절차 등에 대한 사안만 규정했을 뿐이었다. 말하자면 공식적인 법정 계획으로 확정되지 못한 채 구상 수준에 머무르게 된 것이다. 국토건설종합계획법을 토대로 한 '국토종합개발계획'이 완성된 것은 한참 후인 1971년 10월이었지만, 그럼에도 불구하고 체계적인 국토개발 관련 법률이 1960년대 초부터 제정되기 시작했다는 점은 부정할 수 없다.

셋째, 다양한 국토개발 관련 세부 법률이 대량 만들어졌는데, 이는 국토를 생산 공간이자 생활공간으로 이해하는 데 바탕을 두었다는 점에서 의미가 가볍지 않다(국토개발연구원, 1996:11-12). 1962년에 성문화된 「도시계획법」을 비롯하여 공익사업에 필요한 토지의 수용 및 사용을 위한 「토지수용법」, 건물의 용도·구조·시설을 규정한 「건축법」, 국유지의 간척 및 이용에 대한 「간척법」, 수자원의 합리적 개발·이용에 필요한 다목적댐의 건설·관리를 위한 「특정다목적댐법」, 토지구획정리사업의 절차·방법 및 비용 배분에 대한 「토지구획정리사업법」, 공원의 설치·관리에 대한 「공원법」, 과밀지역의 제조업·활동 분산을 위한 공업개발촉진지역 지정에 대한 규정을 다룬 「지방공업개발법」 등이 대표적이다.

거듭 말하거니와 1960년대 박정희의 국토개발은 두 차례에 걸친 경제개발 5개년계획(1차 1962-1966년, 2차 1967-1971년)과 긴밀히 연관되어 있다. 조국근대화와 공업화의 기치를 내세우며 수립된 경제개발 5개년계획은 한편으로는 불발로 끝난 지난 정부의 경제계획 이념 및 지침을 계승하면서도,[2] 다른 한편으로는 허쉬만의 성장거점growth pole 이론에 입각하여 개발효과가 큰 지역을 우선 개발하는 방식을 특징

---

2 경제개발 3개년계획의 이념은 자유경제 원칙을 존중하고 민간기업의 활동을 최대한 보장하는 것이다. 이러한 이념 달성을 위해 정부는 여섯 가지 지침을 마련하였다. 첫째, 한국경제의 거점이 1차 산업에 있으므로 주로 농업개발에 중점을 두고 식량의 대외원조를 줄여 농산물 수급 균형을 실현한다. 둘째, 투자 수익률이 높은 전기, 기계, 금속, 화학공업 등의 기간산업 건설을 추진한다. 셋째, 경제성장 기반 조성을 위한 중소기업을 육성하고 고용기회를 확대한다. 넷째, 완제품 소비재 수입의 무역구조를 점차 시정한다. 다섯째, 계획 과정에서 현실적인 애로로 나타난 철도, 도로, 해운 등 운송시설과 통신, 에너지, 교육시설 등 사회간접자본시설 등을 확충한다. 여섯째, 투자 재원의 효율적인 배분을 위한 국민 지출의 조정과 민간자본의 축적 등을 권장한다(국토개발연구원, 1996: 49-50).

으로 삼았다. 즉, 한정된 자원과 재화의 효율성을 최대화하면서 선先
성장 후後분배의 논리 하에서 경제발전의 낙수효과trickle-down effect를 기
대하는 전략이었던 것이다. 이에 따라 1965년부터 집적효과가 큰 경
인지역 개발, 신新 성장지역으로서 울산공업단지의 개발, 그리고 관
광산업 진흥을 위한 제주지역의 개발이 시작되었고, 1976년까지 태
백산, 영산강, 아산·서산, 영동·동해 지역 등이 특정지역으로 지정되
었다(국토개발연구원, 1996:119). 이러한 국토개발 전략은 성공적으로 진행
되어 1960년대 말부터 우리나라 경제는 비약적으로 성장하기 시작
하였다. 그 이면에 국토의 불균등 개발 및 발전의 문제가 잠복해 있
었지만 경제발전의 성과는 이를 상쇄할 만큼 충분히 컸다.

　돌이켜보면 1960년대 국토개발은 별도의 장기 종합 국토계획
없이 경제계획의 일부로 통합되어 추진되었고, 내용적인 측면에서도

| 그림 2 | 역대 경제성장률(1954-2017)

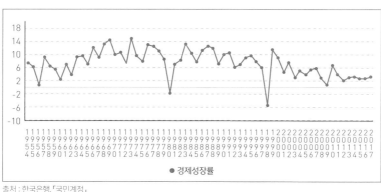

출처 : 한국은행, 「국민계정」
* 자료 : 한국은행, 「국민계정」
주석 : 1) 경제성장률 = {(금년도 실질 GDP - 전년도 실질 GDP) ÷ 전년도 실질 GDP} × 100.
　　　 2) 실질 GDP는 2010년 기준임.
　　　 3) 2017년은 잠정치임.

식량증산을 위한 수자원 개발과 사회간접자본시설에 대한 투자, 그리고 공업화를 위한 성장거점 조성 등에 집중되었다. 그러다가 경제성장이 본격화되면서 경제발전을 위한 부수적 조건이 아닌, 독자적인 차원에서 국토개발의 필요성이 부상되기 시작했다. 그 결과가 바로 1967년 우리나라 최초의 국토계획으로 마련된 '대국토건설계획(안)'이다.

대국토건설계획(안)은 1967-1976년까지 10년의 계획 기간 동안 자연자원의 종합적 개발, 산업입지의 적극적 조성, 교통시설의 확대, 각종 재해 방지, 국토와 국가 재산의 보존을 통한 국민 생활의 안정 등을 주요 목표로 하는, 총 투자 규모 6,145억 원(1966년 가격)의 대규모 공간계획이었다. 대국토건설계획(안)의 주요 내용을 살펴보면 다음과 같다. 첫째, 제2차 경제개발 5개년계획 기간 중 주택 100만 호를 건설한다. 둘째, 한강, 낙동강, 금강, 영산강 등 4대강 종합개발을 추진한다. 셋째, 인천, 부산 등 동서, 서남해의 주요 거점에 10개의 항만을 건설한다. 넷째, 서울을 중심으로 인천, 강릉, 목포, 부산을 연결하는 고속도로와 동해안, 서해안, 남해안을 연결하는 철도 등을 건설한다(국토개발연구원, 1996:53-54).

하지만 이 계획안은 불과 3개월이라는 매우 짧은 기간 내에 마련되었고, 그만큼 내용도 불충실하여 끝내 미실행 계획 수준에 머물고 말았다. 그럼에도 우리나라 최초의 전국단위 국토계획으로서, 향후 등장할 제1차 국토종합개발계획의 요체要諦가 되는 방식으로 우리나라 국토개발사에 유의미한 발자취를 남겼다. 고도 경제성장을 향해 박차를 가하던 그 무렵, 우리나라 국토는 역사상 최초로 체계적인 변신을 시도하고 있었다. 바야흐로 본격적인 국토개발계획의 서막을 알리는 순간이었다.

3) 1970년대

1970년대 전후 국내외 정세는 희망과 불안이 교차하고 있었다. 우선 국가 주도 경제성장이 본격적인 궤도에 오르기 시작했고 이에 따라 '할 수 있다'는 국민적 자신감이 커지던 시기였다. 국력 또한 비약적으로 성장했다. 하지만 1960년대 말부터 남북 관계에는 군사적 대립과 긴장이 갑자기 늘어났고 동서 데탕트 무드 속에 미군 철수 문

| 그림 3 | 1960년대 국토계획

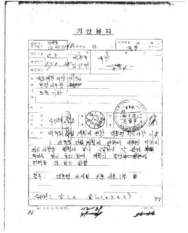

제1차 경제개발 5개년계획
출처: 국가기록원

대국토건설계획에 관한 대통령지시사항시달

제가 제기됨에 따라 한반도의 지정학적 정세가 전반적으로 불안정해졌다. 이런 상황에서 정치적으로는 '유신체제'가 출현했다. 박정희 정부의 국토개발 핵심으로서 1972년에 공포·시행된 제1차 국토종합개발계획(1972-1981)은 바로 이러한 정세 변화를 배경으로 하였다.

1960년대 말 대국토건설계획(안)을 계승한 제1차 국토종합개발계획은 당시 국토개발 전략을 집약한 결정체로 오늘날까지도 우리나라 국토개발의 근간을 형성하고 있다. 다시 말해 1972년을 기준으로 지난 10년 박정희 정부의 국토개발 노력은 그 이후 10년의 국토개발을 구상하고 제도화하는 밑거름이 되었고, 그 성과로서 등장한 국토종합개발계획은 우리나라 국토정책의 모체가 된 것이다. 실제 현재의 국토정책은 그때 마련된 제도적 틀을 기반으로 하여, 시대가 흐르면서 새롭게 부각된 정책 요소들을 그때그때 추가하고 수정한 결과라고 볼 수 있다(한국경제60년사 편찬위원회, 2011:20-23).

제1차 국토종합개발계획의 목표는 크게 네 가지로 요약된다. 첫째, 경제의 고도성장을 위한 국토의 효율적 활용, 둘째, 경제성장을 뒷받침하기 위한 국토개발 기반의 확립, 셋째, 국토가 보유하고 있는 자원의 개발과 대규모 공업단지 개발에 따른 환경의 보전, 넷째, 도시문제의 개선과 문화적인 생활을 위한 생활환경의 개선 등이다(국토개발연구원, 1996:57). 그 결과, 남동임해공업지역이나 지방산업지구가 다수 건설되었고, 급증하는 수송수요에 대응할 수 있도록 고속도로 역시 기존의 경인고속도로와 경부고속도로 이외에 호남, 영동, 남해고속도로 등이 추가되었다. 주택의 대량 건설 및 저렴한 주택 공급 등을 통해 주택난 심화를 해소하고자 노력하였으며, 4대강 유역 종합개발계획을 통해 소양댐, 안동댐, 합천댐, 충주댐 등 전국적으로 다목적댐 조성이 대거 추진되었다(그림 5, 표 1 참조).

1960년대 경공업 시대 국토개발의 특징은 대도시 공업지역을 중심으로 사회간접자본 기반 확대에 치중한 것이었다. 이와 달리 1970년대 중화학공업화 시대에는 정부의 계획적인 공업용지 개발과 공급, 용수, 도로, 항만 등 효율적인 지원시설의 공급이 핵심 목표로 등장했다. 이를 통해 관련 산업을 일정 공간에 집중적으로 수용함으로써 토지의 단위 면적당 생산성을 향상시키고 공업단지 배후도시의 형성과 발전에 기여하게 되었다(국토개발연구원, 1996:146-147).

돌이켜보건대, 1960년대 국토개발이 공업화와 도시화의 수동적 역할을 담당했다면 1970년대는 제1차 국토종합개발계획을 분기

| 그림 4 | 제1차 국토종합개발계획의 등장

국토종합개발계획 제1차 시안에 대한 세미나 관계자 참석   국토종합개발계획 공청회
출처: 국가기록원

〈圖 - 1〉 國土綜合開發計劃圖

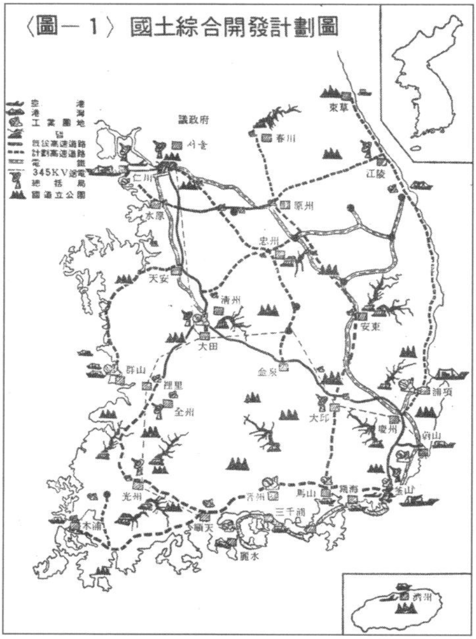

출처: 제1차 국토종합개발계획(대한민국정부, 1971)

점으로 하여 체계적 국토개발을 통한 경제공간이 정비·확충된 시기였다. 곧, 경제성장을 위한 수단이 아닌 국토개발 그 자체가 경제발전과 동의어로 인식되면서 그야말로 본격적인 국토종합개발이 선보이기 시작한 것이다. 그 결과 나라살림은 국민들이 체감할 수 있을 정도로 향상되었다.[3] 국제사회에서 '한강의 기적'이라는 말이 회자된 것도 이때부터다.

---

3 월간조선, 2018.01.20, '회갑 맞은 58년 개띠들이 말하는 한국 현대사' 기사 참조.

|표 1| 제1차 국토종합개발계획(1972-1981)의 주요내용

사업내용	단위	사업계획		
		1970	1976	1981
동남해안공업지대	10억원	493.8	1245.0	2,232.7
경기만임해공업지대	억원	178.5	525.3	104.9
농지면적	km²	23,304	23,734	24,174
경지정리	km²	1,580	4,500	6,000
도로연장	km	40,244	49,730	55,892
도로포장연장	km	3,864	14,769	21,665
도시인구	천인	16,459	19,750	24,050
도시화율	%	51.5	57.5	59.0
주택건설	천호	4,338	5,008	6,023
주택보급률	%	77.8	78.9	85.0
상수도보급률	%	35.5	51.4	60.0
1일1인급수량	ℓ	175	200	250
하수도시설	km	16,800	18,100	18,900
하수도보급률	%	24.3	32.5	40.8

자료: 제1차 국토종합개발계획(대한민국정부, 1971) 참고

그러나 당시에는 국토개발의 한계 또한 없지 않았다. 성장거점 및 권역별 개발 방식을 채택한 1970년대 국토계획 발전의 명암이 지역별로 달리 나타났기 때문이다. 기대했던 거점개발의 낙수효과는 저조하였고, 인구와 산업의 분산 또한 효과가 크지 않았다. 수도권 대 비수도권, 동남권 대 비동남권 식으로 대별되는 국토의 불균형 구조가 그때 기원한 것이라는 후세의 평가도 있다. 남동임해 및 경기만 지역 등은 크게 성장한 반면, 발전의 수혜 대상이 되지 못한 지역은 상대적으로 침체되었다. 특히 서울과 부산을 중심으로 한 양극화 현상은 심각해져서 서울과 부산을 연결하는 국토의 약 22%의 면적에, 1980년을 기준으로, 전국 인구의 59.5%, 공업생산액의 81.6%가 집

중하게 되었다.

물론 박정희 대통령이 국토균형개발에 무관심하거나 이를 의도적으로 거부한 것은 결코 아니었다. 1978년에 국토개발연구원을 설립했는데, '국토의 균형개발'을 휘호로 내릴 만큼 개인적으로 국토균형개발에 관심이 컸다. 이를 위해 박정희가 모색한 것은 서울과 별도로 존재하는 행정수도의 건설, 다수 중핵도시 건설, 그리고 농촌건설이었다(오원철, 2006:479). 그리고 제1차 국토종합개발계획에서는 성장거점 개발 방식과 권역별 개발 방식을 동시적으로 채택하였다(한국경제60년사 편찬위원회, 2011:21). 말하자면 성장과 균형이라는 두 마리의 토끼를 한꺼번에 잡겠다는 전략이었다.

여기서 권역별 개방 방식이란 지역의 환경적 특수성이나 자원개발을 고려한 개발권이 아니고, 국토 전체를 동질성이나 결절성 등의 기준에 따라서 여러 개의 공간 단위로 세분화, 체계화시킨 지역권의 설정으로, 전국을 4대권(한강, 금강, 영산강, 낙동강을 중심으로 한 지역), 8중권(수도, 태백, 충청, 전주, 대구, 광주, 부산, 제주 등의 권역), 17소권(서울, 춘천, 강릉, 원주, 천안, 청주, 대전, 전주, 대구, 안동, 포항, 부산, 진주, 광주, 대전, 목포, 순천, 제주 등)으로 구분하고 이중 8중권을 개발단위로 사업을 추진하는 것을 말한다(국토개발연구원, 1996:58). 구체적으로 4대권은 주로 수자원 개발을 중요시하며, 8중권은 도 단위 행정구역 중심, 17소권은 경제적 지역 단위, 자치성, 면적 등을 중심으로 하는 지역 단위다(한국경제60년사 편찬위원회, 2011:21). 이로써 지역별 특색 있고 자립적인 개발을 도모하고자 했다.

이처럼 1970년대 박정희 정부의 국토개발에는 득과 실이 공존

| 그림 6 | 박정희 대통령 휘호 국토의 균형발전

國土의 均衡開發

國土開發 研究院 開院記念

一九七八年 十月 四日

大統領 朴正熙

출처: 국가기록원

한다. 제1차 국토종합개발계획이라는 확고한 계획적 장치를 채택하여 전국에 체계적인 계획 풍토를 정착시켰고, 당시 전략적으로 추진한 지방공단의 육성, 사회간접자본의 확대 등은 우리나라 경제성장의 공간적 토대가 되었다. 나라를 부국富國의 반열로 이끈 박정희 정부의 국토개발 업적은 현재의 관점이나 혹은 훗날의 수요가 아닌 그 당시 역사의 필요와 요구라는 입장에서 종합적으로 판단되어야 할 것이다.

4) 나오며

1960년대 이후 개발연대 우리나라의 국토정책은 다음 몇 가지로 특징지을 수 있다. 첫째, 근대국가의 가독성legibility과 단순화simplification 프로젝트가 가동되었다. 국가는 공리주의적 사회공학의 입장에서 자연과 세상, 그리고 사람을 보다 읽기 쉽게 재편했다. 그 과정에서 국토공간은 가일층 중앙집권화되었다. 둘째, 적극적인 '공간의 생산'이 이루어졌다. 이는 국토정책의 일차적 목표가 경제성장을 뒷받침하는 것에 있었다는 점을 의미한다. 셋째로 불균형 성장의 기조를 지적할 수 있다. 전후 제3세계의 개발 전략과 관련하여 지역 간 균형 발전이 아닌 성장거점growth pole 육성을 통해 경제성장의 낙수효과를 기대한 것이다.

국토는 단순히 물리적, 공간적 의미의 땅이 아니다. 생산과 생활, 안보와 보전의 공간으로서 한 나라의 통치권이 미치는 지역의 범위이자 국민 개개인의 이해관계가 녹아있는 정치적, 유기적 공간이다. 이처럼 수많은 의미와 행위가 중첩되어 있는 국토를 개발한다는 것은 결코 쉬운 일이 아니다. 국토를 보다 살기 좋게 변화시키겠다는 국토개발의 목표에는 큰 차이가 없다 하더라도 무엇이 보다 잘 사는 것이냐에 대한 정의는 시대마다 다를 수밖에 없다. 박정희 시대의 국토정책은 바로 이런 맥락에서 이해되어야 한다.

1960-70년대 박정희 집권기간 동안 우리나라의 국토는 실로 상전벽해桑田碧海가 되었다. 해방 이듬해인 1946년과 박정희 집권 직전인 1960년의 수치상 변화는 상대적으로 미미하다. 그러나 박정희 집권 전후인 1960년과 1981년을 비교하면, 1960년 39.2%에 불과한 도시화율은 1981년 67.9%로 2배 가까이 증가하였다. 공장용지, 도로 포장율, 항만하역능력, 상하수도 시설 등의 수치 변화도 크게 주목할 만하다. 당시 괄목할만한 경제 분야의 성장 배후에 도시화, 교통망, 공업화, 수자원 개발 등과 같은 국토개발과 공간의 생산이 있었다는

점은 아무리 강조해도 지나치지 않다(표 2 참조).

무엇보다 중요한 것은 박정희 집권 이후 국토는 더 이상 주어진 공간이 아닌 만들어가는 공간이라는 인식이 보편화되었다는 사실이다. 말하자면 공간관 자체가 근대적으로 전환된 것이다. 부강한 나라를 위해 보다 나은 삶의 터전을 만들겠다는 그의 적극적 의지는 국토개발을 위한 제도적 기반 및 계획적 장치를 구축하게 만들었고, 국토정책을 경제개발과 유기적으로 결합시켜 체계화하였다. 비록 그 과정에서 국토의 불균형 발전이라는 문제를 노정하였지만, 이것은 압축적 경제발전 과정에서 불가피하게 경험한 과도기적 성장통成長痛으로 이해해야 할 것이다.

| 표 2 | 국토의 변화(1946-1981)

구분	단위	해방 후(1946)	박정희 집권 전(1960)	박정희 집권 후(1981)
국토면적	㎢	94,299	98,431	99,016
인 구	천명	20,167	24,989	38,723
1인당국민소득 (경상가격)	달러	-	79	1,741
수출(경상가격)	억달러	0.2	0.3	209
공업용지	㎢	10	39	332
도로포장율	%	4.0	4.1	34.1
항만하역능력	천톤	6,700	9,020	87,424
상수도시설	천톤/일	240	517	6,756
도시화율	%	17.0	39.2	67.9

자료: 국토개발연구원(1996:33)

2. 산업도시 및 공업단지 조성

1) 들어가며

산업화는 국가의 경제성장을 견인하는 핵심요소다. 근대화의 요체가 곧 산업화이기도 하며, 장기적으로 중산층 육성 등을 통해 민주화의 사회적 기반을 조성한다. 한 산업의 성쇠에 따라 작게는 지역, 크게는 나라의 흥망이 판가름된다고 말할 수 있을 정도로 산업의 선택 및 전환, 배치는 국가 발전과 직결되는 사안이다. 최근 조선, 자동차 등의 산업 쇠퇴에 따른 지역경기 침체, 그로 인한 국가 경제력 약화라는 낯설지 않은 악순환의 현실이 이를 웅변해 주고 있다. 역사적으로 볼 때 산업은 한 나라의 경제발전과 관련하여 언제나 위기 혹은 기회로 존재한다.

산업도시라는 말이 지금은 진부할 정도로 일반화되었지만, 불과 50년 전만 하더라도 전혀 그렇지 않았다. 산업도시의 첫 단추를 끼우는 일은 결코 쉬운 것이 아니었다. 황무지였던 땅이 경제성장을 주도하는 성장거점 역할을 하기까지 수많은 노력과 자원이 투입되었다. 그중 박정희 집권 18년은 우리나라 산업 성장사에서 가장 주목해야 할 시기다. 당시 국가의 기간산업은 농업에서 공업으로, 경공업에서 중화학공업으로 선택과 집중의 과정을 거쳤고, 그 과정에서 공업단지나 산업도시가 그 모습을 제대로 드러내기 시작했다.

그렇다면 박정희 집권 이전 상황은 어떠했는가? 해방 이후부터 1960년대 초까지 우리나라에서는 공업단지나 산업도시에 기반을 둔 산업정책은 존재하지 않았다. 우리나라 산업단지 개발은 1960년대 초에 시작되었다고 보는 것이 정확하다(한국경제60년사 편찬위원회, 2011:107). 이는 무엇보다 '본격적이고 명시적인' 산업정책이 시작된 것이 1960년대이기 때문이다(국토개발연구원, 1996:125). 1960년대는 우리나라 산업정책의 원년에 해당하는 셈이다. 물론 그 이전에는 국토분단과 전쟁으로 무엇인가 하고 싶어도 할 수 없었던 시대적 사정도 있었겠지만, 산업정책이라는 것은 할 수 있다고 해서 모두 다 해낼 수 있는 것이 결코 아니다. 이 점에서 박정희 정부의 산업정책은 실로 역사적 대전환에 해당한다.

이 글에서는 1962년 박정희 정부가 발표한 제1차 경제개발 5개년계획을 기점으로 하여 집권 기간 동안 추진한 공업단지 및 산업도시 관련 정책의 전개 과정과 성과를 시대별로 정리한다. 개략적으로 살펴보면, 1960년대는 조속한 자립경제 구축을 목표로 생산 효율성을 추구한 경공업 중심의 공업 투자가 많았고, 공간적으로는 서울과 부산을 비롯한 대도시가 주요 무대였다. 이와 반면, 1970년대는 공업입국 선언과 함께 중화학공업의 육성과 지방공업의 발전을 촉진하였고 제한적으로나마 국토의 균형적 발전을 도모하고자 다수의 무명 지방도시에 대규모 공업단지를 건설하였다.

모름지기 모든 일에는 빛과 그림자가 함께 있기 마련이다. 공업단지와 산업도시라는 신新 산업공간의 창출 및 성숙 과정 속에서 우리나라 경제는 비약적으로 성장하였지만 선별적 입지 정책으로 인한 국토 불균형 심화, 환경오염이나 주택문제와 같은 집적 불경제 발생 등 부정적 측면도 완전히 간과할 수는 없다. 그럼에도 분명한 것은 오늘날 우리의 경제 성공은 박정희 개인뿐만 아니라 산업역군으로서 그 시대를 살아온 모든 국민들의 노력 덕분이라는 점이다. 당시의 성과를 과대평가할 일도 아니지만 결코 과소평가할 일도 아니다.

2) 1960년대: 대도시 중심 경공업 개발

1962년 1월 13일 박정희 정부가 발표한 제1차 경제개발 5개년계획의 최우선 과제는 다름 아닌 '경제개발'이었다. 경제개발은 당시 제3세계 국가들의 일반적인 목표였을 뿐 아니라, 특히 쿠데타를 통해 집권한 박정희 정부로서는 정당성 확보라는 차원에서도 절박한 과제였다. 최초로 발표된 경제개발 5개년계획은 상대적으로 농업을 중시했다. 또한 공업화 방식에 있어서도 과거 정부의 수입대체산업화의 길을 따라갔다. 하지만 1964년을 전후하여 수출주도형 공업화로 목표가 갑자기 바뀌었다. 여기에는 대외 경제환경의 급변과 이에 따른 미국의 정책적 권유가 결정적이었다.

수출주도형 공업화가 박정희 정부의 핵심적 산업정책으로 확정되자 외화 획득과 기술 향상이라는 두 마리 토끼를 한 번에 잡을 수 있는 경공업 분야가 단연 대세로 떠올랐다. 절대빈곤의 시대, 가진 것이라고는 인구밖에 없던 그때, 상대적으로 값싼 노동력을 바탕으로 한 노동집약형 수출산업을 육성하는 것이 당시 우리가 갖고 있던 최대한의 경쟁력이었던 것이다. 경공업을 중심으로 한 산업 발전 기조 속에 박정희 정부는 본격적인 공간 생산과 국토개발에 나섰다.

산업입지의 선정과 조성의 목표 및 지침이 될 「국토건설종합계획법」은 1963년 10월에 제정되었다. 이 법은 국토건설종합계획과 그 기초가 될 국토조사에 대한 사항을 규정하고 있다. 국토건설종합계획법을 통해 합리적이고 체계적인 산업입지 조성이 가능해진 가운데, 수출주도형 산업화를 위한 공간 전략적 접근으로서 「수출산업공업단지조성법」이 이듬해인 1964년 6월에 제정되었다. 이때 입지 선정은 노동력 확보가 용이하고 다른 투자 자원이 집중되어 있는 대도시 중심으로 이루어졌다. 그 결과, 한국수출산업공업단지 제1·2·3단지는 서울 구로동에, 제4·5·6단지는 인천의 부평과 주안에 조성되었다.

이러한 수출산업공업단지는 여타의 산업단지와 구별되는 몇몇 특성을 가지고 있다. 첫째, 해외교포의 투자유치를 주목적으로 산업단지가 개발되었다는 점이다. 그 당시만 해도 재일교포들의 국내 사업 투자가 매우 중요했다. 둘째는 이를 지속적으로 촉진하고 유지·관리할 공식기구로서 한국수출산업공단이 병행 설치되었다는 점이다.[4] 이를 통해 당시 박정희 정부는 대규모 공업단지를 조성하여 기업을 일정한 장소에 집중시키려는 입지 방식을 계획적으로 추진하는 한편, 공업단지의 고유 특성에 따른 체계적인 관리 운영을 모색하였음을 확인할 수 있다.[5]

---

4 1996년 10월 정부의 5개 국가 산업단지관리공단 통폐합 결정에 따라 한국산업단지공단으로 개편되었다.

5 이후 수출 및 외국인 투자 유치를 위한 공업단지의 지역단위 조성을 활성화하고자 1970년에 「수출자유지역설치법」을 제정하였고, 이를 근거로 마산수출자유지역, 이리수출자유지역 등이 조성되었다.

한편, 1960년대 말에는 「지방공업개발법」이 제정되었다. 지방공업장려지구의 지정과 중앙정부의 재정투자를 핵심으로 하는 이 법은 우여곡절 끝에 만들어졌다. 1960년대 중반까지만 하더라도 기업들이 필요한 곳이면 어디에서든 공업용지를 개발하고 공장을 세울 수 있었다. 하지만 무분별한 공장용지 개발에 따른 국토의 난개발이 우려되는 상황이 발생하자 민간의 자유로운 입지를 특정지역으로 집단화하는 '민간산업단지 조성방안'이 제시되었다. 그러나 이는 머지않아 또 다른 문제점에 봉착하고 마는데, 당시 대다수 공장들의 법적 토대인 도시계획법 내 재정 지원 장치가 마련되지 않아, 기업들이 막대한 자금 소요가 예상되는 산업단지 개발에 대해 참여를 망설였기 때문이다.

설상가상으로 지방산업단지 조성을 지원하던 지방자치단체마저 재정적 위기를 겪게 되자 마침내 정부는 지방공업개발법 제정을 통해 지방산업단지 조성에 대한 국가지원을 의무화하고 국가가 지정한 지방공업장려지구 입주기업에 대한 조세감면 등의 혜택을 부여하기 시작했다. 이후 1973년 개정된 지방공업개발법에서는 신설기업뿐만 아니라 대도시 소재의 공장을 지방공업개발장려지구로 옮기는 기업에 대해서도 조세감면 혜택을 부여하고 이미 조성이 완료된 산업단지도 지방공업개발장려지구로 지정하여 입주해 있던 기업에 대해서도 동일한 혜택을 제공했다(한국경제60년사 편찬위원회, 2011:109). 하지만 지방공업개발법은 한편으로 그간 지지부진했던 지방산업단지에 활력을 불어넣으면서도, 다른 한편으로는 지방자치단체 주도의 지방산업단지 개발이 1970년대 초반에 사실상 중단되어 버리는 예기치 못한 결과를 초래하기도 하였다(한국경제60년사 편찬위원회, 2011:110).

| 표 3 | 1960년대 공업단지 조성 현황

지역	단지명	지정년도	조성근거법
서울	한국수출산업공단(1, 2, 3단지)	1965-73	수출산업공단개발조성법
부산	사상공업지역	1965	도시계획법
대구	대구제3공단	1965	도시계획법
대구	성서공단	1965	도시계획법
대구	검단공단	1965	도시계획법
인천	한국수출산업공단	1965	도시계획법
인천	인천공업단지	1965	도시계획법
인천	경인주물공단	1965	도시계획법
인천	인천기계공단	1965	도시계획법
울산	울산공업단지	1962	도시계획법
경기	성남공업단지	1968	도시계획법
강원	경춘공업단지	1968	도시계획법
전남	여천공업단지	1967	산업기지개발촉진법

출처: 대한상공회의소 공업입지센터(1991), 공업단지현황

　　1960년대 주요 공업단지는 약 15개로 서울, 인천, 부산, 대구 등 대도시 지역에 주로 분포하였다. 공업입지가 지역적으로 편재된 가운데 당시 상황을 분석한 자료에 따르면(국토개발연구원, 1996:130-131), 1969년 종업원 수 기준 서울의 비중은 전체의 33.4%로 1960년도에 비해 약 10%나 증가함으로써 다분히 서울 편중 현상을 보였고, 1969년 종업원 수 및 부가가치 생산 모두에 있어 서울과 경기, 경남·북의 합산 비중은 전체의 80%를 차지하며 심각한 불균형 문제를 예고하였다. 돌이켜보건대 1960년대는 경공업을 중심으로 한 산업기반의

확충과 산업 활동의 양적 팽창으로 경제발전에 박차가 가해진 시기였다. 하지만 산업부문 간 불균형이 가속화되고 지역 간 성장 격차가 심화되면서 갈등의 소지 또한 곳곳에 축적되고 있었다. 바로 이것이 격동의 1970년대를 목전에 둔 당시 우리의 상황이었다.

3) 1970년대: 중화학공업화와 지방공업단지

1960년대 말 경공업을 통한 산업화는 점차 한계에 직면하였다. 유가 파동 등 국제적인 에너지 자원 수급 문제와 값싼 노동력을 토대로 한 다른 후발개도국들의 추격으로 한국의 대외 경쟁력은 점차 약화되기 시작했다. 그리고 경공업 생산과정에서 필요한 원료, 자본재 등의 대외의존도 심화로 수출 증대가 곧 국제수지 적자 폭의 확대를 가져오는 구조적 모순까지 발생하는 상황에 처했다(국토연구원, 2008a:197). 게다가 당시 미소 데탕트 분위기에서 자주국방의 필요성이 그 어느 때보다 중요하게 제기되어 있었다. 그 결과, 박정희는 1973년 초 '중화학공업입국'을 선언하며 경공업에서 중화학공업으로의 일대 전환을 시도하였다. 중화학공업부문 중 연계산업의 파급효과가 큰 철강, 기계, 조선, 전자, 비철금속, 석유화학공업 등 6대 업종이 일단 선정된 가운데, 이를 어디서 누가 어떻게 생산할 것인가에 대한 박정희 정부의 선택과 결정이 남겨졌다.

중화학공업은 산업 특성상 일정한 '규모의 경제scale of economy'를 추구한다. 이는 곧 생산규모의 대형화를 통해 단위당 생산비를 절감시키는 방식으로, 중화학공업 육성을 위해서는 대규모 산업단지는

| 그림 7 | 박정희 대통령 휘호 중화학수출진흥

重化學輸出振興

韓國輸出入銀行發足記念

一九七六年七月一日

大統領 朴正熙

출처: 국가기록원

물론, 대량생산 이익을 실현할 소비시장의 확보가 필수적이라는 의미다. 1960년대 경공업 중심 공업화 초기와 1970년대 중화학공업 중심 공업화의 심화는 이처럼 차원과 성격이 근본적으로 다른 것이다. 이와 관련하여 박정희 정부는 중화학공업 육성계획을 수립하며 다음과 같은 방안을 내놓았다.

첫째, 대규모 산업기지를 조성하되 연관산업끼리 집단적으로 유치하고 개발할 수 있도록 집적화한다. 둘째, 중화학공업을 수출산업으로 육성하여 협소한 국내시장의 한계를 극복한다. 그 결과 접근성이 좋은 임해지역이 핵심 산업공간으로 부각되고, 업종별로 특화된 공단 배치가 추진되었다. 경상북도 포항을 시작으로 울산, 온산, 옥포, 죽도, 창원 그리고 남해안 지역에 위치한 여천, 서해안 아산만 일원 등이 산업기지개발구역으로 지정되어 대규모 임해 중화학산업 단지로 개발되었다. 당시 산업단지 조성 현황에 대한 분석 자료에 따르면(한국경제60년사 편찬위원회, 2011:110-111), 1974년부터 1984년까지 10년간 임해산업단지의 지정 면적은 315.02㎢로 내륙산업단지 지정 면적 16.81㎢에 비해 압도적으로 넓었다.

박정희 정부의 입장에서는 중화학공업화야말로 나라의 흥망이 달린 역사적 과업이었다. 이를 위해 중화학공업 육성에 대한 추진체계부터 착실히 준비되었다. 특히 산업입지정책을 효율적으로 추진하기 위하여 건설부 내 산업입지국이 1973년에 신설되었고, 정책 수행을 위한 법적 근거로서 「산업기지개발촉진법」이 같은 해 12월에 제정되었으며, 이듬해 2월에는 산업기지 개발 전담기구로서 기존 수자원공사가 산업기지개발공사로 개편되기에 이르렀다.

이뿐만이 아니라 다양한 새로운 정책수요에 맞춰 제도적 정비가 잇따랐다. 예컨대 1970년대 중반에 이르러 정부가 계획적으로 조성한 공업단지 수가 크게 늘어나자 「공업단지관리법」이 1975년에 제정되었다. 이 법은 공업단지의 체계적 관리에 대한 기본적인 사항을 규정한 것이다. 또한 전국적 차원에서 공업을 합리적으로 배치하여 적정한 공업입지를 조성하고 공장 재배치 촉진의 근거법이 되는 「공업배치법」도 1977년에 마련되었다. 그밖에 공업단지 개발의 경우 환경영향평가 실시를 핵심으로 하는 「환경보전법」(1977년), 지방으로의 공업입지 촉진을 위해 세제혜택을 담은 「지방세법」(1979년) 등도 모두 비슷한 시기에 등장한 조치들이다.

1970년대에는 총 40여 개의 공업단지가 조성되었다. 지역별로는 경상남도에, 연도별로는 1979년에 가장 많은 수의 공업단지가 조성되었다. 각 시기별 조성 현황을 살펴보면, 70년대 전반은 주로 동남해안을 중심으로 중화학공업지대가 형성되었으며, 70년대 중반 들어 지방공업개발법이 본격 시행되면서 광주, 청주, 충주, 이리, 군산, 순천, 진주 등 지방 중소도시에도 지방공단이 크게 늘어났다. 70년대 후반에는 수도권 내 인구와 산업의 지방 분산을 위하여 창원, 여천, 반월 등의 대규모 공업단지가 건설되었고, 공업배치법에 따른 공업유치지역으로서 강릉, 천안, 나주 등지에 공업단지가 조성되어 수도권 내 공장들이 그쪽으로 대거 이전·배치되었다(그림 8, 9 참조).

| **그림 8** | 1970년대 공업단지 지역별 조성 현황

본격적인 중화학공업 육성이 추진되고 전국적으로 공업단지가 확대·활성화되면서 부작용 또한 만만치 않게 제기되었다. 먼저, 중화학공업의 수요 측면이 제대로 고려되지 않아 대규모 집중투자에 따른 수급구조의 불균형이 초래되었고, 일부 대기업을 중심으로 하

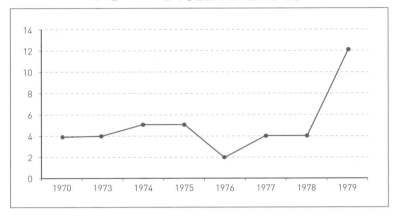

| 그림 9 | 1970년대 공업단지 연도별 조성 현황

는 경제력 편중이 심화되기 시작했다(국토개발연구원, 1996:131–132). 1970
년대에 들어와 국가적인 차원에서의 공업입지 정책이 본격적으로 시
행된 결과, 1960년대 기업들의 자유입지선정에 따른 대도시 지역 집
중 현상에서 어느 정도 탈피하여 지역 분포가 다소 다변화되기는 하
였다. 그럼에도 1979년의 경우 종업원 수를 기준하여 서울과 경기도
가 각각 23.2%, 23.3.%로, 여전히 전체의 과반 가까이가 수도권에 몰
려있었다. 서울과 경기도에 부산 및 경남·북을 합산할 경우 전체 종
업원의 86.9%를 차지하고 있는 것으로 나타나 1960년대에 비해 수
도권과 동남권 편중 현상이 더욱더 심화된 상황이 되었다(국토개발연구
원, 1996:136).

|표 4| 1970년대 공업단지 조성 현황

지역	단지명	지정년도	조성근거법
서울	영등포기계공단	1975	도시계획법
대구	염색공단	1974	도시계획법
	서대구공단	1975	도시계획법
대전	대전공업단지	1973-75	지방공업개발법
광주	광주본촌공단	1979	지방공업개발법
	광주송암공단	1979	지방공업개발법
경기	반월공업단지	1977	산업기지개발촉진법
	안성공업단지	1979	도시계획법
강원	원주공업단지	1970	지방공업개발법
	강릉중소공단	1976	공업배치법
충북	청주공업단지	1978	지방공업개발법
	충주공업단지	1979	지방공업개발법
충남	천안공업단지	1979	공업배치법
전북	전주제1공단	1973	지방공업개발법
	이리수출자유지역	1973	수출자유지역설치법
	이리공단	1973	지방공업개발법
	이리공업단지	1976	지방공업개발법
	군산공업단지	1978	지방공업개발법
	정주중소공단	1979	공업배치법
전남	목포공업단지	1970	지방공업개발법
	순천공업단지	1977	지방공업개발법
	나주중소공단	1979	공업배치법
	여수오천공단	1979	공업배치법
경북	구미수출산업공단	1977	산업기지개발촉진법
	포항공업단지	1975	산업기지개발촉진법
	논공공업단지	1979	지방공업개발법
	왜관공업단지	1979	지방공업개발법
	김천농기계공단	1979	지방공업개발법
	경주용강공업단지	1975	도시계획법
	현풍공업단지	1978	도시계획법
경남	창원기계공업단지	1974	산업기지개발촉진법
	마산수출자유지역	1970	수출자유지역설치법
	울산석유화학공업단지	1970	산업기지개발촉진법
	온산공업단지	1974	산업기지개발촉진법
	죽도산업기지	1974	산업기지개발촉진법
	목포산업기지	1974	산업기지개발촉진법
	울산미포공업단지	1975	산업기지개발촉진법
	양산공업단지	1977	지방공업개발법
	진주상평공단	1978	지방공업개발법
	칠서공업단지	1979	지방공업개발법

출처: 대한상공회의소 공업입지센터(1991), 공업단지현황

4) 나오며

토지는 노동 및 자본과 더불어 산업 생산에 필수인 전제 조건이다. 생산비용의 최소화와 이윤의 극대화라는 경제원칙에 입각하여 합리적이고 전략적인 산업입지는 곧 생산비용의 절감 및 이윤의 증대를 의미한다. 경제개발 초기, 박정희가 산업 발전의 가속화를 위해 취한 입지적 효율성의 제고는 국가 주도 공간 생산의 일대 개가가 아닐 수 없다. 활용할 자원도 없고 경험마저 부족한 상황에서 효율적인 산업의 전략적 공간 배치를 통해 산업 경쟁력을 확보하고 경쟁우위를 점하는 것은 조국근대화를 위해 박정희가 취한 일종의 승부수였던 셈이다.

1960년대와 1970년대 박정희 정부는 강력한 개입과 선별적 지원을 통해 산업입지정책을 주도해나갔다. 울산을 비롯한 동남 임해권, 수도권 등에 임해 산업공간이 우후죽순 생겨남으로써 국토는 '조용한 아침의 나라'로부터 '아시아의 네 마리 용' 가운데 하나로 가히

| 표 5 | 산업입지정책 변화 정리

구분	1960년대	1970년대
정책대상	수출산업의 육성과 산업화 기반의 구축	중화학공업 육성기반의 구축
정책기조	수출위주의 경공업 입지 1도 1산업단지 개발	대규모 임해산업단지 조성 대도시 산업입지의 억제
관련법규	공업지구조성을위한토지수용특례법 도시계획법 수출산업공업단지개발조성법 국토건설종합계획법	지방공업개발법 산업기지개발촉진법 공업배치법
비고	울산공업지구 조성 수출산업단지 조성	지방공업개발 장려지구 제도 도입 동남권 대규모 임해산업단지 조성 수출자유지역 개발

출처: 건설교통부, 산업입지제도개편방안연구, 2005.8.를 인용한 한국경제60년사 편찬위원회(2011: 115) 부분 발췌

천지개벽을 한 셈이다. 고도 경제성장 과정에서 국민들이 치러낸 고통과 희생은 십분 고려되어야 한다. 하지만 박정희와 같은 공간 전략가에 의한 국토 대개조 혹은 국토 대★ 설계가 없었다면 오늘날과 같은 대한민국의 근대화 기적은 완성되기 어려웠을 것이다. 물론 산업 입지의 지역 편중, 산업용지의 과잉공급 등의 문제점도 간과할 수 없지만, 적어도 오늘날 발전의 기틀을 마련했다는 사실은 누구도 부정하기 어려울 것이다.

교통정책

제4장

교통정책

1. (산업)철도

1) 들어가며

문명의 발달과 교통 시스템의 발전은 밀접한 연관이 있다. '모든 길은 로마로 통한다'라는 말처럼 고대 로마제국이 구가했던 힘의 원천은 바로 수많은 원거리 가도街道였다. 그것은 우리 시대의 고속도로에 필적하는 것이었다. 근대국가 건설 과정에서 전국적인 교통망의 구축은 '국가처럼 보기'의 핵심이었다. 특히 철도나 도로, 항만, 공항과 같은 교통 인프라는 사회간접자본으로서 경제성장의 발판이 된다. 앞에서 살펴본 국토개발의 효율성도 궁극적으로는 사회간접자본으로서의 교통 시스템 구축이 없다면 불가능한 문제다. 국토개발과 근대적 교통망은 어떤 의미에서 바늘과 실의 관계에 해당한다. 또한 교통 인프라는 한 나라의 대내적 통치나 대외적 안보와도 직결된 문제다.

오늘날 대한민국은 이동이 보편적 일상이 되고 이동 수단이 대형화, 속도화되면서 과거에는 상상할 수 없었던 시공간의 압축을 경험하고 있다. 하지만 이는 대부분 박정희 시대가 이룩한 '교통혁명'의 결과다. 조선시대만 하더라도 이른바 '무도즉안전無道則安全'이라고 하여 길이 없는 편이 안보나 치안에 유리하다고 생각했다. 우리나라가 치도治道의 중요성을 자각한 것은 조선이 제국주의 열강의 침략에 노출되면서부터였고, 근대적 교통시설에 대한 관심이 늘어난 것은 대한제국기와 일제 식민지 시대였다. 그 이전까지는 길의 정치적, 경제적 중요성에 대해 무심한 편이었던 것이다.

이 장에서는 박정희 시대 철도와 도로, 그리고 항만 및 공항을 중심으로 한 교통정책을 개괄한다. 어리(2014:182)는 "근대성이 출현한 중심에는 철도 시스템이 존재한다"라는 말로써 철도가 산업화에 끼친 결정적인 공헌을 지적하였다. 우리나라에서 철도가 처음 개통된 것은 1899년 경인선으로 노량진-제물포 32.2km 구간이었다. 그리고 싫든 좋든 우리나라에서 철도가 가장 활발히 보급된 것은 일제시대였다. 서구의 식민주의가 선박을 매개로 한 원거리遠距離 제국주의에 기초하고 있었다면, 일본의 동아시아 식민주의는 철도를 매개로 한 근거리近距離 제국주의에 기초하고 있었기 때문이다. 일제가 부설한 한반도 철도망은 1945년 해방 때까지 식민지 착취 및 대륙 침략의 수단으로 적극 이용되었다.

해방 이후 한국 정부는 철도 부설에 상대적으로 큰 관심을 할 애하지 않았다. 일제는 다른 어떤 제국주의 국가에 비해 식민지에 철도를 많이 부설했기 때문이다. 이 책이 박정희 시대의 교통정책 가운데 철도 부분을 산업철도 영역에 국한하는 이유도 여기에 있다. 대신 박정희 시대 교통정책의 하이라이트는 도로 건설, 특히 고속도로 건설에 있다는 것이 이 책의 주장이다. 박정희는 철도건설을 일제 식민지 시대의 유산으로 간주하면서, 자신의 조국근대화 프로젝트를 상대적으로 고속도로 건설에서 차별화한 측면이 있다(김한상, 2010:191-194). 이 글에서는 박정희의 고속도로 건설 사업 가운데 그것의 간판격에 해당하는 경부고속도로를 중점적으로 논의한다.

2) 산업철도의 건설

철도는 산업화의 선도자이자 근대화의 동반자이다. 철도는 대량수송, 예측 가능성, 그리고 속도의 차원에서 과거 어떤 교통수단에 비해 막대한 장점을 확보한다. 영국의 산업혁명은 두말할 나위가 없거니와, 대한제국기 고종이 이른바 '자주적 근대화' 프로젝트 과정에서 가장 먼저 착안한 것이 철도였고, 일제가 식민지 역사상 유례가 없을 정도로 철도분야에 많은 투자를 한 것도 이런 이유 때문이다. 무엇보다 철도의 역사는 속도 향상에 의한 시간 단축의 역사다(한국경제60년사 편찬위원회, 2011:163).[6] 그렇다고 철도가 속도 우위의 매개체로서만 중요한 것은 결코 아니다. 철도의 수송능력은 항공기의 4.5배, 승용차의 353배로 합리적이고 효율적인 대량수송을 위해서는 이보다

좋은 수단이 없다.[7]

해방 이후 대한민국은 일제가 건설한 철도망을 근대 교통의 핵심 인프라로 활용하였다. 해방과 국토분단, 그리고 잇따라 터진 6·25 동란까지 갖은 악조건 속에서도 철도는 건국 과정에서의 영토 통합과 국가산업부흥, 전시수송체제의 근간, 전후 복구 및 재건의 수단으로 역할을 다해왔다. 1948년 12월, 신생 대한민국 정부가 한국경제 부흥 5개년계획을 수립할 때도 수송부문에서는 철도망 정비 및 구축이 골자였고, 이 계획에 따라 지하자원 채굴과 수력·화력발전 개발, 시멘트·비료·유리·철강 산업의 초석을 닦기 위한 3대 산업철도 건설이 추진되었다. 영암선, 함백선, 문경선 등 3대 산업철도는 6·25전쟁 이후 모두 건설되었다(한국경제60주년편찬위원회, 2011:157-158).

이처럼 건국 이후 철도 인프라 구축의 주목적은 여객 수송이 아니라 산업 발전 지원에 방점이 주어졌다. 이는 영국의 산업혁명 시기 철도가 중추적 역할을 수행한 것과 유사하다. 경제 복구 및 경제

---

6 1946년 우리 손으로 만든 특급 조선해방자호가 서울-부산을 9시간 만에 주파한 이래 6·25전쟁 중 들여온 디젤기관차 통일호가 7시간, 1962년 재건호가 6시간 10분, 1969년 관광호가 4시간 50분, 1985년 새마을호 4시간 10분, 2004년 고속철도(KTX) 2시간 40분, 2020년 상용화 예정인 해무 1시간 30분 등 시간을 거듭할수록 물리적 거리의 한계를 뛰어넘어 속도가 향상되고 있다. 우리나라 철도 열차 속도 변천(서울-부산 구간)은 다음과 같다(한국경제60년사 편찬위원회, 2011:163).

운행연월일	열차명칭	운행소요시간	평균속도(km/h)	최고속도(km/h)	차량종류
1905.5.1	융희호	14시간 00분	31	50	증기기관차
1936.12.1	아카츠키	6시간 45분	67	90	증기기관차
1955.8.15	통일호	7시간 00분	50	70	디젤기관차
1962.5.15	재건호	6시간 10분	72	100	디젤동차
1969.2.10	관광호	4시간 50분	92	110	디젤기관차
1985.11.16	새마을호	4시간 10분	107	140	디젤기관차
2004.4.1	KTX	2시간 40분	165	300	전기기관차

7 한 번에 935명을 실어 나르는 KTX의 서울-부산 간 에너지 비용(전기 요금)은 110만 원에 불과하며 철도의 단위수송비는 66원인 반면 도로는 664원이다. 자세한 내용은 월간조선 2008년 10월호, '21세기는 철도 전성시대 (1) 철도가 대한민국의 희망이다' 기사 참조.

성장을 추진하는 과정에서 증가하는 화물 수요에 대응하고자 탄생한 산업철도는 경제활동을 지원하는 핵심 역할을 담당하였다. 우리나라에서 교통투자의 우선순위가 철도에서 고속도로를 중심으로 바뀌는 것은 박정희 정부에 들어와 경제개발이 본격적으로 추진될 무렵부터이다. 그 결과 한국 철도사에는 상대적으로 오랜 '암흑기'가 도래하지만 최근 KTX 건설을 통해 한국 철도는 다시 '황금기'를 맞고 있다고 정리할 수 있다.

1960년대 박정희 정부에 의해 본격적인 경제개발계획이 가동되기 전까지 문경선(점촌-가은), 영암선(영주-철암), 함백선(제천-함백) 등 3대 산업철도선은 강원도 남부나 경상북도 북부지역에서 무연탄을 비롯한 각종 지하자원을 개발한 다음 도시 공장으로 원활히 수송하는 역할을 담당하였다. 이후에도 필요에 따라 추가적으로 산업선이 전국적으로 부설되기도 했다. 충북선은 미국의 원조 계획의 일환인 충주 비료공장 건설을 위해, 주인선은 화물이 폭주하는 인천항에 발착하는 화물 선적 시간을 단축하기 위해, 오류동선은 경기도 부천 비료공장에서 생산되는 원료와 연료를 수송하기 위해, 그리고 사천선은 사천비행장의 군사수송을 위해 인입선引入線 형태로 건설된 산업철도들이다(이철우, 2007:284-285). 당시는 철도가 전국 화물 수송의 80%이상, 여객 수송의 50% 이상을 차지하였다(한국교통연구원, 2006:71).

1960년대 이후 본격적인 경제개발 과정에서 화물 수송을 위한 산업철도의 필요성은 더욱 절실해졌다. 제1차 경제개발 5개년계획 기간인 1962-1966년 동안 철도는 총 교통부문 투자의 64.2%를 차지하는 가운데, 점촌-영주 간 경북선을 비롯하여 예미-증산, 고한-증산, 백산-황지 구간 등의 태백선 전 구역, 증산-정선 간 정선선 일부 구간, 북평-경포대 구간의 영동선, 경원선(서울-원산)과 중앙선(서울-원주)을 연결하는 망우선 등이 완공되었다(국토개발연구원, 1996:549). 대도시나 공업단지로의 원활한 물자 수송을 위한 산업철도에 대한 수요는 날로 증가하여, 제2차 경제개발계획 기간(1967-1971년)에도 산업철도의 건설은 지속되었다. 포항제철선, 광주공단 인입선, 전주공단 인입선을 비롯하여 양회洋灰 수송을 위한 북평-삼화 구간의 북평선, 여천공단의 유류제품 수송을 위한 여천선 등이 당시에 새로 부설된 노선이다.

1960년대 이후 산업철도의 건설 필요성이 급증하게 된 배경은 두말할 나위 없이 경제개발 본격화에 따른 철도의 화물 수송 수요가 폭증하였기 때문이다. 화물 수송량이 넘치면서 화물이 역 주변에 쌓여가기 시작했고 적체화물이 늘자 수송 지연에 따른 보관비 및 인건비가 증가하게 되었으며, 이를 감당할 여력이 없는 중소기업들은 줄줄이 도산에 들어서는 상황이 벌어졌다(한국경제60년사 편찬위원회, 2011:158). 철도수송난의 여파로 밀가루와 시멘트 값이 폭등하기도 했고, 급기야 당시 철도청은 화물 수송을 이유로 철도를 이용한 학생들의 수학여행을 자제해 줄 것을 호소할 정도였다(한국경제60년사 편찬위원회, 2011:158).

고공행진하는 경제성장률에도 불구하고 1960년대만 해도 철도 이외에는 마땅한 수송분담체계를 갖추지 못했다. 철도의 수송비중은 1962년 84%, 1969년에는 72%로서, 1960년대 경제 확장기 전반에 걸쳐 국가 주도 경제개발계획의 핵심적 역할을 담당하였다. 하지만 철도 중심의 교통 인프라는 1960년대 말에 이르러 근본적인 한계에 직면하기 시작했다. 박정희 정부가 철도 주도의 교통 인프라 시스템을 근본적으로 재고하는 것은 바로 이 무렵부터다. 박정희 정부는 철도·도로·해운 수송능력 향상을 제2차 경제개발계획의 중요 과제로 설정하는 한편, 전국을 일정 단위로 구분한 권역별 국토개발을 통해 균형적 지역 발전을 모색하기도 했다.

1969년 3월, 철도에 대한 화물 집중 현상 억제를 내용의 골자로 하는 비상 대책이 발표되었다. 철도 위주로 편중된 화물 수송 체계를 바로잡는 동시에 고속도로를 위시한 도로 교통시대를 본격화하기 위한 역사적 전환점이었다. 그 결과, 1970년대 이후에는 철도건설을 위한 정부투자는 상대적으로 낮아지는 가운데, 수도권 팽창에 따른 교통량 증가에 부응하기 위한 산업 전철, 수도권 전철, 서울 지하철 등이 주로 건설되었다. 총 교통투자 대비 철도건설이 차지하는 비율이 1977-1981년에는 31.6%에 불과할 정도가 되었다. 실제 철도 유형별 연장 수치 자료를 살펴보더라도, 1962-1981년 동안 단선 연장의 비율은 80.8%에서 77.1%로 감소하고 복선은 15.1%에서 22.9%로 증가하였다(표 6 참조). 그러나 이것마저도 노선을 새로 개설한 것은 거의 없는 가운데 기존 단선을 복선화한 것에 불과해 철도투자의 상대적 저조가 뚜렷하게 나타났다(국토개발연구원, 1996:547-549).

1980년대부터 국가 교통정책은 도로 위주로 뚜렷이 진행되었다. 자동차 대중화 시대가 도래하는 가운데, 철도는 투자 부진, 이용 불편, 수송분담률 하락이라는 악순환에 빠져 상당 기간 고전을 면치

|표6| 철도유형별 연장 및 전철화(1962-1981)

구분	1962		1971		1976		1981	
	연장	%	연장	%	연장	%	연장	%
단선	2,449.9	80.8	2,536.6	79.3	2,522.2	80.2	2,407.8	77.1
복선	457.1	15.1	536.7	16.8	575.1	18.3	713.5	22.9
협궤	125.4	4.1	125.4	3.9	47.0	1.5	46.9	1.5
계	3,032.4	100.0	3,198.7	100.0	3,144.3	100.0	3,121.3	100.0
전철	-	-	-	-	415.8	(13.2)	428.7	(13.7)

자료: 철도청(1982), 철도통계연보
주석: ( )는 철도총연장길이에 대한 전철 비율(지하철 제외)

못하다가 최근 고속철도 등장을 통해 겨우 되살아나는 추세다. 하지만 현재 국가기간교통망계획(1998-2020)에 따르면 총 335조 원 투자 금액 중 도로가 55.5%, 철도는 28.1%로서 도로 중심의 정책 투자는 여전히 지속되는 것으로 보인다.[8] 아직도 한국은 도로 중심 교통체제를 유지하고 있는 것이다.

KTX 등장 이전 전반적인 철도시대의 쇠퇴 속에 문자 그대로 철퇴를 맞은 것은 기존의 산업철도였다. 산업동력의 변화와 고도화된 산업구조 속에 산업철도가 살아남는 방법은 스스로 운영을 축소

|표7| 교통수단별 연장비율 현황(1960-1990년대)

단위: km

구분	1960년대	1970년대	1980년대	1990년대
철도	3,022	3,193(171)	3,135(▽58)	3,091(▽44)
고속도로	313	1,221(908)	1,542(321)	1,893(351)
일반도로	27,169	39,995(12,826)	45,726(5,735)	55,164(9,438)
지하철	-	7.8	165.4(157.6)	274.5(109.1)

출처: 월간조선 2008년 10월호, '21세기는 철도 전성시대 (1) 철도가 대한민국의 희망이다' 기사 부분 인용
주석:( )는 전 시점 대비 증가량

---

8 월간조선 2008년 10월호, '21세기는 철도 전성시대 (1) 철도가 대한민국의 희망이다' 기사 참조.

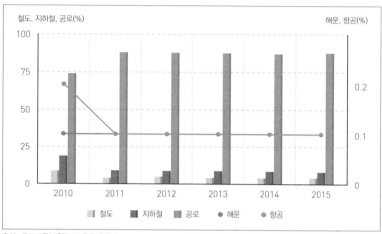

|그림 10| 국내여객수송분담률 추이(2010-2015)

출처 : 국토교통부「국토교통통계연보」

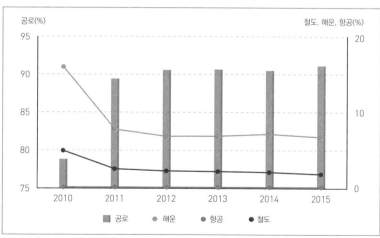

|그림 11| 국내화물수송분담률 추이

출처 : 국토교통부「국토교통통계연보」

하거나 관광선觀光線으로 변모하는 길뿐이었다. 화려했던 과거가 무색할 만큼 격세지감을 느끼게 하는 장면이 아닐 수 없다. 그래도 한때 잘 나가던 태백선을 기억하는 한 역장의 회고에서 산업철도의 전성기를 함께 느껴볼 수 있다.[9]

> 처음 이 지역에 왔을 때는 석탄 전성시대였습니다. 1986년 철암역에서만 석탄을 만재한 하루 240-260량의 화차가 나갔어요. 화차 운영을 위해 철암역 직원이 300명이었는데, 철암역장은 육사陸士출신의 유명인사가 부임해 올 정도였어요. 철암역 한 곳의 석탄운송 수입이 순천지방철도청 수입과 맞먹을 정도였죠. 석탄합리화 바람을 타고 1990년대 초반부터 주요 탄광들이 문을 닫으면서 석탄 경기가 꺼졌습니다.

돌이켜보건대 산업철도는 국가 경제에 대한 기여도 컸지만 특히 지역 발전과도 생사고락을 함께 했다는 점에 주목할 필요가 있다. 이제는 레일바이크로 더 유명한 정선선은 당시 주요 에너지원인 무연탄 수송을 위해 정선군 남면 증산역에서 정선읍 정선역까지 22.6㎞를 잇는 산업철도로서 1967년에 개통되었다. 이후 1969년 정선-나전, 74년 나전-구절리 등의 구간이 추가 개통되면서 총 연장 45.9㎞의 정선선으로 완공되는 동안, 정선읍의 인구는 1965년 1만 5천여 명에서 1975년 2만 1천 명으로 증가하였다. 물자 수송뿐만 아니라 지역 성장

---

9 상동.

을 견인하는 데 중추적 역할을 담당한 산업철도였다. 그러나 1989년 석탄산업 합리화 정책으로 무연탄 수송 및 이용객이 감소하면서 2004년 아우라지-구절리 7.2㎞ 구간이 폐선되었고, 생활의 터전을 잃은 사람들이 지역을 떠나면서 정선군은 심각한 인구감소를 경험하였다.[10] 아무튼 이런 식으로 산업철도는 역사의 뒤안길로 사라지고 있다.

3) 나오며

1966년 11월 9일, 경북 예천과 영주를 잇는 경북선 개통식에 참석한 박정희 대통령은 "수송난輸送難은 곧 빠른 경제성장을 반증하는 것"이라며 산업철도 개통을 치하하였다. 경제성장이 초래한 수송난마저 반가웠던 산업화 초기, 제대로 된 사회간접자본이 절대 부족한 상황에서 대도시 혹은 산업공단으로 몰려오던 물자와 인력의 운송수단으로서는 산업철도가 거의 유일했다. 온 국민이 경제성장을 염원하던 그때, '이 나라 발전의 원동력'으로 '내 고장을 기름지게 하고 산업개발을 이룩하며 복지 향상에 이바지'하는 산업철도의 위상이란 실로 대단할 수밖에 없었다.[11]

경제성장 과정에서 도태되어 산업철도는 어느덧 과거의 산물이 되었지만 우리는 그 역사적 의미를 결코 잊어서는 안 된다. 힘겨

---

10 보다 자세한 내용은 국민일보, 2017년 1월 12일, '산업철도에서 관광철도로...정선선 개통 50년 '새로운 변신'' 기사 참조.

11 산업철도 개통식마다 으레 '건설되는 철길은 이 나라의 원동력', '뻗어가는 철길에 내 고장 기름진다', '뻗어가는 철길 따라 산업개발 이룩된다' 등의 표어가 따라다녔다. 산업철도가 단지 운송수단이 아닌 시대적 상징물임을 간접적으로나마 알 수 있는 부분이다.

| 그림 12 | 경북선 개통식(1966년)

윘던 시절을 버텨 오늘의 영광을 가져다준 산업철도의 시대적 중요성은 대한민국 경제발전 역사에서 계속 기억되고 유념되어야 한다. 한국의 고도 경제성장에 있어서 교통혁명의 첫 단추는 아무래도 산업철도였다.

2. (고속)도로

1) 들어가며

1945년 해방 당시 우리나라의 도로 사정은 매우 열악하였다. 주로 우마차의 통행에나 이용될 뿐 차량용 도로의 중요성은 제대로 인식조차 되지 못했다. 일제는 철도에 비해 도로 투자에는 상대적으로 인색한 편이었다. 해방 당시 도로연장은 국도와 지방도를 합쳐 2만 4,031㎞이고, 포장률은 약 0.03%에 불과하였다고 한다(한국경제60년사 편찬위원회, 2011:143). 6·25전쟁 동안 유엔군의 지원 하에 도로가 일부 건설되기 시작했다. 군사 작전 루트나 병기, 식량 등 전쟁 수행을 위한 보급로 확보 차원이었다. 하지만 전쟁 상황이라 보수되고 건설되는 도로에 비해, 끊어지고 부서진 도로가 더 많았다. 1950년대 말까지 우리나라에서는 도로 건설을 위한 이렇다 할 자체적 여력이 확보되지 않았다.

1961년 박정희 정권 출범과 더불어 본격적인 도로 건설이 추진되기 시작했다. 일제시대의 조선도로령이 폐지되고 도로법이 새로 제정된 것이다. 관련 행정조직도 개편하여 1962년 국토건설청은 건설부로 승격되고 1963년 7월 수립된 국토종합건설계획에서는 주요 간선도로의 정비와 고속화가 강조되었다(국토개발연구원, 1996:493). 이는 제1차 경제개발 5개년계획 실시와 맞물려 도로의 중요성이 크게 부상한 결과다. 특히 경제성장의 본격화에 따라 수송 수요와 물동량이 정비례한다는 사실이 구체적으로 확인된 결과이기도 했다.

크게 보아 1960년대 제1차 경제개발 5개년계획과 함께 산업도로 개발이 추진되고, 제2차 경제개발 5개년계획과 더불어 고속도로 건설이 착수되었다고 볼 수 있다. 전자는 태백산 및 지리산 지역의 탄광 개발을 주목적으로 한 것이며 당시 사업 자체의 특색은 도로망의 확대 정비에 의한 지역적 균형개발을 꾀하는 것으로, 미개수 도로의 개수·개량보다 교량 건설과 주요 간선도로의 포장사업에 중점을 두었다(국토개발연구원, 1996:495). 한편 후자는 늘어난 산업 생산과 인구 증가를 염두에 두고 산업의 지방 분산, 단거리 수송의 기동성 등이 절실히 요청됨에 따라 자동차 운송의 의존도가 높아질 것을 예상한 끝에 추진된 결과였다(국토개발원구원, 1996:496-497). 당시는 계획보다 성과가 항상 앞서는 상황이었는데, 제1차 경제개발 5개년계획 기간 중 교량 건설은 모두 308개소 총 연장 16,642m였으나 실제 건설 실적은 431개소 연장 18,354m였고 주요 간선 포장 역시 321km의 계획 수치를 초과하는 488km를 달성하였다(국토개발연구원, 1996:495). 이로써 제4차 경제개발 5개년계획이 끝난 시점에서 우리나라 도로총포장률은 34.1%로 1960년대 초반에 비해 6배가량 증가하였다(표 8 참조).

도로 건설의 정점에 위치한 것이 바로 고속도로 건설이며, 그것의 하이라이트는 경부고속도로였다. 고속도로 건설이 처음부터 모두의 환영을 받은 것은 결코 아니었다. 김대중, 김영삼 등 당시 야당 지도자들은 고속도로 건설에 크게 반대했다. 이처럼 고속도로에 대한 필요성조차 사회적 합의가 충분하지 않았으며, 고속도로 건설에 필요한 경험, 기술, 장비 등 무엇 하나 갖춘 것이 없었던 시기였다. 바로 그 순간에 박정희는 '단군 이래 최대의 역사'라는 경부고속도로

| 표 8 | 경제개발 5개년계획별 도로개발실적

단위: km, %

구분	1차(1962-1966)	2차(1967-1971)	3차(1972-1976)	4차(1977-1981)
도로총연장	34,476	40,635	45,514	50,336
도로총포장률	5.6	14.2	23.7	34.1

출처: 국토개발연구원(1996:511)

의 건설을 결정한 것이다.

경부고속도로는 서울과 부산을 잇는 총 연장 428㎞에 달하는 우리나라의 국가대표 고속도로이다. 1968년 2월부터 1970년 7월까지 2년 반이라는 공사기간 동안 당시 국가 예산의 3분의 1인 약 429억 원의 공사비용이 소요된 대규모 토목공사로서, '박정희가 아니었다면 과연 가능했을까'라는 의문이 제기될 만큼 국가적 역량이 총동원된 대공사였다. 착공부터 개통까지 모든 과정에 참여하다시피 한 박정희는 사실상 경부고속도로 건설의 '총괄계획가master planner' 같은 존재였다.

고속도로 건설에 대한 그의 신념은 고속도로가 없는 현재의 대한민국을 상상할 수도 없는 현실을 만들어냈다. 전국이 1일 생활권을 거쳐 반나절 생활권으로 포섭되고, 원활한 인적·물적 교류가 이뤄지며, 전국토가 하나 되는 국민형성nation-building에도 크게 이바지한 것은 경부고속도로를 위시한 교통 인프라의 형성 덕분이 아닐 수 없다. 1950년대 후반에 완성된 미국의 주간洲間 고속도로가 미국의 경제 도약 및 사회통합에 이바지한 것과 유사한 이치다. 여기서는 경부고속도로 건설을 중심으로 한 박정희 대통령의 국가기간교통 인프라 구축에 대해 설명하고자 한다. 한국의 경제성장, 그리고 국토개발은 고속도로 건설을 빼놓고는 모두 다 말할 수 없다.

2) 경부고속도로 건설
제6대 대통령 후보였던 박정희는 1967년 4월 29일 서울 장충단

유세에서 고속도로 건설을 공식적으로 선언하였다. 이 자리에서 그는 경제발전에 따른 수송량의 원활한 흐름을 위해 서울-인천, 서울-동해안, 서울-목포, 서울-부산 간 너비 50m 이상의 고속도로 건설 추진을 선언했다(위영, 2009:91). 당시로서는 누구도 상상하지 못한 파격적인 발상이었다. 박정희는 1964년 독일 국빈 방문 시 경험한 독일식 고속도로 아우토반autobahn으로부터 깊은 인상을 받은 것으로 알려져 있다.

이와 관련하여 김정렴 전 청와대 비서실장은 1964년도 박정희 대통령의 독일 방문 일화를 다음과 같이 소개한다(김광득, 2000:70). 당시 라인강의 기적을 일궈낸 에르하르트 서독 수상은 박 대통령을 접견하며 "국가가 발전을 하려면 경제적 번영밖에 없다. 경제발전은 공장만 건설한다고 되는 것이 아니다. 도로나 항만 등 사회간접자본의 기반 시설이 정비되어야 한다. 나는 아우토반에 진입할 때와 인터체인지를 돌아 나올 때 마음속으로 아우토반에 경례한다"라고 말했다. 이 말에 충격을 받은 박 대통령은 본과 쾰른 사이를 왕복하면서 두 차례나 차를 멈추고 아우토반의 이모저모를 세심하게 관찰했다고 한다.

그 무렵 우리나라의 도로교통은 매우 열악했다. 1962년에 시작된 제1차 경제개발 5개년계획을 통해 교통 인프라 구축이 목표로 설정되었지만, 앞에서 언급한 바대로 철도 위주의 투자로서 도로 확충은 상대적으로 부족한 편이었다.[12] 도로의 중요성 및 정부 투자 정책

---

12 1962-1966년 기간 중 교통부문 투자의 64.2%가 철도에 집중되었다(국토연구원, 2008a:218).

의 합리성이 보강된 것은 경제성장에 따른 육로 수송의 문제가 구체적으로 가시화되고, 특히 1966년 국제부흥개발은행IBRD, International Bank for Reconstruction and Development이 한국교통조사 보고서를 작성하면서부터였다(한국경제60년사 편찬위원회, 2011:144). 도로 건설에 대한 전반적인 여건 및 분위기 조성과 더불어 고속도로 시대의 개막을 위한 몇 가지 추가 조건도 때마침 구비되었다. 박정희는 바로 그 순간을 놓치지 않은 것이다.

첫째, 제1차 경제개발계획 기간 중인 1964년, 울산정유공장이 준공되어 아스팔트가 대량 생산되기 시작하였고 시멘트 생산시설이 크게 확충되어 도로 생산을 위한 제반 물적 여건이 조성되었다(국토연구원, 2008a:218). 둘째, 자동차 통행세와 유류세를 도로사업에 투자하도록 하는 「도로정비촉진법」이 1967년 2월에, 「도로정비사업 특별회계법」이 1968년 7월에 각각 제정되어 고속도로 건설을 위한 재정이 충원되었다(한국경제60년사 편찬위원회, 2011:144). 셋째, 대도시에 집중된 산업의 지방 분산과 단거리 수송의 기동성이 요청됨에 따라 종래의 철도 위주 수송 구조를 자동차에 의한 도로 중심 구조로 개선할 필요성이 제기되면서 고속도로에 대한 국민적 관심이나 호응이 높아졌다(국토연구원, 2008a:218). 말하자면 경부고속도로 건설을 둘러싼 사회적 합의가 생긴 셈이다.

사실 경부고속도로 건설에 앞서 우리나라에서 고속도로 시대의 첫 포문을 연 것은 1968년에 개통한 경인고속도로다. 서울과 인천을 연결하는 29.5㎞의 우리나라 최초의 고속도로 덕분에 50분에서 1

시간 가까이 걸리던 서울과 인천의 주행시간은 18분 내외로 단축되었다. 경인고속도로를 통해 속도에 의한 시공간 압축이 실제로 검증되었지만, 경부고속도로 건설에 대한 반대는 여전히 거셌다. '부유층의 유람로를 만들려고 하느냐', '1인당 국민소득이 142달러인 나라에서 그게 왜 필요한 것이냐', '고속도로 건설 비용으로 차라리 공장을 더 짓는 것이 좋지 않으냐' 등의 부정적인 여론이 들끓었다(위영, 2009:91~92). 당대의 사회여론은 대체로 고속도로 건설이 시기상조라고 지적했다.

온갖 난관에도 불구하고 1968년 3월, 경부고속도로 건설은 기대와 걱정 속에 드디어 첫 삽을 떴다. 우려되는 막대한 재원조달은 국채 발행과 유류세 인상 등으로 충당되었다. 특히 고속도로 건설 예정지에 편입된 용지와 보상비 지불은 거의 무상이나 다름없어, 국가의 총체적 역량이 집결된 대공사였음을 시사한다(위영, 2009:93). 돌이켜보면 1960년대니까 가능한, 혹은 요즘 같으면 거의 불가능한 국책사업이었던 측면이 강하다. 연 900만 명에 이르는 공사 인력과 더불어 육군 3개 공병단이 투입되었고, 준공시점까지 예정보다 한 해 앞당겨진 것을 감안하면 경부고속도로는 박정희 특유의 집념이 만들어 낸 작품이라고 말할 수 있다. 경부고속도로의 건설 진척 상황은 대통령에게 매주 보고되었다고 한다. 관계부처 장관을 중심으로 하여 국무회의 안건으로 경부고속도로의 건설 과정과 문제점, 대안 등을 다각적으로 검토하였는데, 이러한 과정은 경부고속도로가 비교적 빠른 시일에 완공될 수 있는 또 하나의 중요한 계기가 되었다(위영, 2009:95).

경부고속도로가 완전 개통한 것은 1970년 7월 7일이었다. 1㎞
당 약 1억 원이 소요된 2년 반가량의 대장정이 마침내 끝나는 순간이
었다. 우리 손으로 만든 고속도로를 통해 '아침은 서울에서 먹고, 점
심은 부산에서 먹는다'는 말을 몸소 체감하게 되자 고속도로에 대한
국민들의 자부심은 확고해졌다. 경부고속도로 이후 본격적인 고속도
로 시대의 서막이 올랐고, 1970년대 이후 고속도로 건설 사업은 전국
적으로 진행되었다. 제4차 경제개발 5개년계획이 끝난 1981년 당시
우리나라의 총 고속도로 연장은 1243.5㎞으로 늘어났고, 국토를 종
횡하는 호남고속도로(전주-순천), 남해고속도로(순천-부산), 영동고속도로
(새말-강릉), 동해고속도로(동해-강릉), 구마고속도로(마산-구미) 등의 주요 노
선이 확충되었다. 경부고속도로 건설은 대한민국의 근대화 과정에서
교통혁명이 이룩한 금자탑이었다.

2008년 경, 대한민국 정부 수립 60주년을 기념하여 실시한 한
언론의 조사에서 1970년 경부고속도로 완공은 '우리나라 경제를 바
꾼 위대한 순간' 제1위의 자리를 차지했다.[13] 길이라곤 비포장 자갈
길이 대부분이었던 시절, 온갖 반대를 무릅쓰고 건설된 경부고속도
로는 그 자체로 성공에 대한 확신이자, 미래에 대한 기대였다.[14] 불가
능을 가능으로 바꾼 건설 과정에 대한 기억, 되새겨지는 그 의미, 그

---

[13] 2위는 88올림픽과 2002년 월드컵 개최, 3위는 1983년 삼성전자 반도체 사업 진출, 4위는 1970년 새마을
운동 시작, 5위는 1973년 포항제철 준공 순이다. 자세한 내용은 한경비즈니스, 2008.08.21, '[대한민국
60년 기업 60년] 무에서 유 창조..땀과 의지의 산물-한국경제를 바꾼 위대한 순간 베스트 5' 기사 참조.

[14] 많은 비난과 반대에도 불구하고 박정희의 의지만으로 경부고속도로가 건설되었다는 평가와 달리 당시
의 여론은 고속도로의 건설에 부정적이지 않았으며 오히려 고속도로에 대한 이해가 부족한 상황에서
지속적으로 제기된 의견들을 정부가 제대로 해결하지 못한 채 시간만 지체되자 이것이 결국 무조건적
인 반대로 와전되었다는 주장이 있다(최광승, 2010 참조).

| 그림 13 | 경부고속도로 전경

리고 경부고속도로가 함축하고 있는 국민적 정서는 반세기를 넘긴
지금까지도 변함이 없다.

경부고속도로의 등장에 따른 국토 상의 변화는 실로 크다. 물
론 가장 큰 변동은 단연 교통·수송부문이라 할 것이다. 기존 철도 중
심의 수송 구조는 경부고속도로 개통 이후 도로 위주로 판세가 완전
히 전환되었다. 경부고속도로 주요 구간별 교통량을 살펴보면, 전반
적으로 교통량이 크게 증가한 가운데 화물차의 비중이 대폭 상승하
였다. 이는 철도나 해상이 아닌 도로를 중심으로 한 종합운송체계의

이점이 여러모로 부각된 결과이다. 운행시간 및 유통경로 단축 등을 통한 물적 유통비용의 절감, 상품 파손율 저하, 상품 재고율 감소 등이 도로수송을 통해 가능해졌고, 이는 다시 상품 가격 안정화에 영향을 미쳐 산업 생산 및 소비 전반에 긍정적인 효과를 가져왔다.

이뿐만이 아니다. 경부고속도로는 공업입지, 관광산업 등의 방면에서도 중요한 매개체 역할을 담당하였다. 전국이 1일 생활권으로 묶이자 대도시 중심으로 편중된 공업입지를 지방으로 분산시키는 과정이 수월해졌고, 전국에 산재한 관광지를 연결할 수 있는 방안이 생기자 관광산업이 크게 성장하였다. 한국인의 삶은 경부고속도로의 개통을 전후하여 대비될 정도로 고용증진, 소득 및 토지가치의 증대 등 국민경제적 측면에도 직·간접적인 영향력을 발휘했다. 그 무렵 김희갑, 황정순, 최무룡, 김지미 등이 주연한 영화 '아름다운 팔도강산'은 고속도로를 통해 '1일 생활권'이 된 대한민국 전국토와 이를 통해 국민 통합이 이루어지는 모습을 생생히 보여준다. 말하자면 고속도로 시대에 삶의 질이 달라진 것이다.

| 표 9 | 경부고속도로 주요 구간 교통량 추세

단위: km, %

구분	1966년(개통 전)					1971년(개통 후)				
	승용차	승합차	화물차	기타	계	승용차	승합차	화물차	기타	계
서울-수원	604	1584	1277	883	4348	1786	3685	3166	883	9520
수원-천안	212	895	619	446	2162	647	2148	1582	446	4723
천안-대전	180	257	226	559	1222	566	636	595	559	2356
대전-김천	29	58	123	25	235	88	138	312	25	563
김천-대구	157	259	291	247	954	442	594	712	247	1995
대구-부산	79	394	470	378	1321	230	903	1148	378	2659

출처: 건설교통부(1972), 건설통계편람

물론 경부고속도로의 부정적 측면도 간과할 수 없다. 첫째, 경부고속도로의 막대한 보수비용이다. 주지하다시피 경부고속도로는 선先시공 후後보완 방식으로 건설되었다. 여기서 말하는 선시공 후보완 방식이란 현재의 재정 형편에 맞춰 고속도로를 건설하되 보완해야 할 문제들이 발생할 경우 완공 이후 차츰 보완해간다는 것이다(최광승. 2010:181).[15] 문제는 고속도로가 일반 도로와 달리 완공 이후 수리나 유지관리가 쉽지 않다는 점이다. 즉, 선시공 후보완 방식은 단기간 완공을 목표로 한 상황에는 부합하나 고속도로와 같은 대규모 건설 과정에는 적합하지 않다. 결국 이러한 고민은 현실로 나타나 개통 1년 만에 총 건설비의 10%인 42억 3천만 원이 보수비용으로 소요되었고 개통 10년 후에는 전체 보수, 유지비가 공사비를 초과하는 오점을 남겼다(최광승, 2010:181).

둘째, 대도시 및 경부 축 위주의 지역 불균형이다. 고속도로의 시대를 열며 인구와 산업의 지방 분산에 기여한 경부고속도로이지만 그 이면에는 여전히 강력한 흡입 요인을 가진 대도시로의 인구와 산업의 집중을 돕는 이중성을 보였다. 특히, 경부 축을 중심으로 불균등한 발전이 고착화되면서 일부 지역에서는 주택 문제, 부동산 투기 등이 일어나기 시작했다. 하지만 1980년대 이후에는 전국적으로 고속도로망이 구축되면서 도시인구는 분산화 경향을 띠게 된다(김백영,

---

15 당시 박정희의 입장은 이러했다. "가난한 살림에 처음부터 선진국 수준으로 만들어서야 되느냐? 우선 개통해 이용하면서 통행료 수입 내에서 보완해나가자. 수입 내 지출만 되면 성공 아니냐? 보완해나가면 도로의 질도 선진국 수준이 된다."(김정렴, 2006:304)

| 그림 14 | 경부고속도로의 과거와 현재

2010:239).[16] 고속도로의 전국적 대거 건설에 따라 이 문제는 자연스럽게 해소된 측면이 있다고 볼 수 있다.

3) 나오며

올해로 경부고속도로가 개통된 지 반세기가 다 되어간다. 강산이 바뀌어도 네댓은 바뀌었을 세월 동안 우리의 삶도 크게 변화하였다. 경제발전의 가시적 성과도 엄청나지만 무엇보다 이를 통해 길에 대한 인식이 전환되었다는 점이 중요하다. 길이 없을수록 안전하다는 전통적인 도로관에서 완전히 벗어나 고속도로의 성공 이후 '고속도로=발전'이라는 인식이 보편화된 것이다. 고속도로 유치를 둘러싸고 지역의 이해관계가 얽힌 각축전이 본격화된 지금, 길이 얼마나 환

---

16 이 시기에는 이전에 비해 6대 도시의 인구 비중이 상대적으로 감소하면서 전국적인 도시화 현상이 나타나는 것이 특징적인데, 이는 경부 도시 회랑을 비롯한 도시 회랑의 전국적 확산과 연관된 현상이다 (김백영, 2010:239).

영받는 대상인지는 더 말할 나위가 없다. 고속도로 관련 공공 자료에서 고속도로 '수혜지역'이라는 표현을 사용하는 것도 이런 맥락에서 이해할 수 있다.

박정희와 경부고속도로는 불가분의 관계다. 돌이켜보건대 박정희가 경부고속도로를 통해 추구하고자 했던 바는 단지 고속도로만은 아니었던 것 같다. 경부고속도로를 위시한 의식의 전환이야말로 박정희의 일차적 선결과제였는지 모른다. 고속도로가 상징하는 '중단 없는 전진'은 당시 만연한 패배의식과 리더십 결여 등의 낡은 사고에서 탈피함으로써 경제개발의 지속성, 그리고 북한과의 체제 경쟁에서의 승리를 염원한 것이었기 때문이다(최광승, 2010:183). 이 모든 기대와 열정을 담았기에 경부고속도로는 더욱 값지고 의미 있는 지도 모른다. 경부고속도로는 단순한 도로를 넘어, '할 수 있다는 정신can-do spirit'의 위대한 승리였다.

3. 항만 및 공항

1) 들어가며

해방 및 6·25전쟁, 그리고 1950년대 전후 복구기에 있어서 열악하기만 했던 땅길, 곧 육로陸路의 상황이 바닷길이나 하늘길이라 하여 다를 리 없었다. 건국 당시 한국에 있던 항만은 일제시대에 전략 물자 및 양곡 수송을 위해 개발된 군산항, 목포항, 제주항, 인천항,

마산항, 부산항 등 총 6개로 전체 하역능력은 천만 톤 정도였다. 이마저도 6·25전쟁 동안 크게 파괴되어 부산항, 마산항, 제주항만 남았고, 하역능력 역시 450만 톤으로 급격하게 저하되었다(한국경제60년사 편찬위원회, 2011:167). 하늘길도 사정은 마찬가지였다. 1958년 김포국제공항 개항 당시 연간 국제선 여객은 2만 2천 명, 국내선 여객은 5만 6천명, 그리고 국제선 화물은 800톤에 불과했다(한국경제60년사 편찬위원회, 2011:179). 당시 국제선 항공운송은 국내 항공사 없이 미국, 일본, 홍콩의 항공사들에 의해 이뤄졌다(국토개발연구원, 1996:608).

1960년대 본격적인 산업화 정책을 추진함에 있어 운송 기반 확충은 반드시 필요한 과정이었다. 바닷길을 넓히고 하늘길을 열기란 쉽지 않았다. 하지만 박정희 대통령은 어려운 상황에 굴복하지 않고 소기의 성과를 거두었다. 수출입국을 선언한 마당에 수출입화물을 안정적으로 운송하기 위해서는 선박의 확보가 무엇보다도 긴요하다고

| 그림 15 | 경부고속도로와 박정희

박정희 대통령, 경부고속도로 공사 현장 시찰(1968)

경인고속도로 개통식에서 막걸리를 뿌리는 박정희 대통령(1968)

판단했다. 또한 항공의 경우 언제까지나 국적기 아닌 외국 항공사에 의존할 수만도 없는 입장이었다. 이에 박정희 정부는 의욕적으로 항만개발과 항공운송산업 성장에 힘쓰기 시작했다. 전자는 막대한 물량 투자를 통해, 그리고 후자는 대한항공의 민영화를 통해 진행되었다.

먼저, 제1차 경제개발 5개년계획 기간 중 농수산 분야 생산 증대에 필요한 수입 원료 하역 목적의 대형 부두 건설에 총 52억 원을 투자하고, 뒤이어 제2차 경제개발 5개년계획에서는 제1차 계획보다 약 6배 증가한 328억 원을 투자하였다. 이에 따라 경공업 중심의 대외지향적 공업화 전략 지원을 위한 임해지역 공업항 건설 및 시설 확장이 이뤄졌다(국토연구원, 2008b:220). 그리하여 1962년에서 1971년까지 전국 항만의 연간 하역능력은 902만 톤에서 1,878만 톤으로 약 2배 신장되었고, 동시접안 능력은 63척에서 81척으로 28%가량 증대되었다(국토연구원, 2008a:220).

박정희 시대 한국의 항공산업 발전은 '대한항공'의 역사로 대변된다(국토개발연구원, 1996:609). "국적기를 타고 해외에 나가보는 게 소망"이라는 박정희의 부탁을 외면할 수 없었다는 한진상사 조중훈 회장이 1969년 누적적자가 27억 원에 달하는 대한항공공사를 인수하기로 결정한 것이 본격적인 대한민국 항공 발전사의 시작이다.[17] 당시 항공기 수는 겨우 8대로 이 가운데 제트기가 1대뿐이고 나머지는 수명이 다 끝나가는 프로펠러 비행기였다. 대한항공은 아시아 최하

---

17 중앙일보, 2015.11.03, '박정희 "국적기 타고 해외 가봤으면"… 대한항공의 시작' 기사 참조.

위 항공사로 출발해 1979년 항공사 성장 실적 부문 1위를 차지하기까지 우여곡절도 많았지만 그 배후에는 박정희 대통령이 있었다(국토개발연구원, 1996:610).

2) 항만의 시설 확충, 항공의 수송보국

6·25전쟁 후 국토 상에 복구하고 수리해야 할 것은 한 둘이 아니었다. 그중에 항만도 당연히 빠질 수 없는 대상이었다. 특히 당장의 시급한 외국 원조물품 하역 등을 위해서라도 항만시설의 복구가 급선무였다. 유엔한국재건단UNKRA 및 미 국무부 국제협력처ICA의 원조를 받아 1959년의 항만 능력은 정부 수립 당시의 남한 전체 하역능력인 천만 톤에 약간 하회하는 902만 톤까지 증가하였다(한국경제60년사 편찬위원회, 2011:167). 이런 식으로 일단 급한 불은 껐지만 항만시설은 여전히 열악한 수준에서 벗어나지 못했다.

5·16 이후 1961년 12월, 「개항질서법」이 공포되었다. 이는 대한민국 또는 외국 국적의 선박이 상시 출입할 수 있는 항港의 일정 경계 내에서 선박 교통의 안전과 질서 유지를 목적으로 한 항만개발의 법적 근거였다. 보다 구체적인 내용을 담은 시행령은 1962년 3월에 제정되었는데, 이에 따라 부산항, 인천항을 비롯한 8개 항만이 개항항으로 지정되었다. 뒤이어 1967년 3월에 「항만법」이 제정되었다. 이를 통해 항만의 지정 사용 및 보전과 비용에 관한 사항을 규정하는 등 항만개발에 관한 상세한 내용이 성문화되었다.

시대별 정책 변화를 살펴보면 상대적으로 1960년대는 기반 시설 구축에, 1970년대는 기반 시설 확충에 목표가 각각 설정되었다. 전자가 공업항의 건설 및 확장을 비롯하여 수입 원료 하역을 위한 대형 부두 건설에 치중하였다면, 후자는 시설을 확충하고 하역 장비를 현대화한 시기였다. 구체적으로 제1차 경제개발 5개년계획 기간인 1962년에서 1966년 사이에 울산항, 진해항, 부산항, 묵호항, 인천항 개발이 진행되었고, 제2차 계획 기간에는 포항신항, 인천항 선거船渠 내항, 울산항 2, 3부두, 부산항 7부두, 목포항 삼학도 부두 등이 건설되었다(한국경제60년사 편찬위원회, 2011:169).

　　1970년대로 들어선 제3차 경제개발 5개년계획 중에는 주요 항만의 현대화가 추진되었다. 이에 따라 부산항, 인천항, 군산항 등 13개 항만의 시설이 개선되었고 특히 부산항, 인천항에는 컨테이너 부두 건설이 시작되었다. 사실 컨테이너 박스를 통해 국제무역이 발전하고 세계시장이 넓어졌다는 사실은 아무리 강조해도 지나치지 않다. '표준화'를 통해 국가 간 물류이동 방법이 '표준화'되었기 때문이다(레빈슨, 2017). 우리나라는 컨테이너 부두 건설에 국한하지 않고 컨테이너 박스나 컨테이너 선박의 제조에서도 혁혁한 성과를 이루었다. 1976년 해운항만청이 신설되면서 전국 주요 항만 건설이 가속화되는 가운데, 1970년대 후반 들어 부산항은 하역능력이 1,400만 톤으로 증대되었으며, 국제 및 연안 여객부두의 준공을 통해 국제적 규모의 대형 항만으로서 거듭날 수 있게 되었다(한국경제60년사 편찬위원회, 2011:169-170).

　　이처럼 경제개발계획을 추진해오면서 무역규모의 증가에 대비하여 항만시설을 계속 확충해왔지만, 해상 화물량 및 시설 소요 화물량에 비해 항만시설 능력은 만성적으로 부족한 상태였다(국토개발연구원, 1996:602). 먼저, 하역능력 1톤당 처리한 실적을 나타내는 '하역능력 대비 시설 소요량'을 살펴보면 1962년 1.73에서 1967년 0.92로 급감하였다가 1976년 1.61로 다시 증가하였고, 1981년 1.23으로 다소 감소한 수치를 보인다. 수치가 높을수록 실제 능력 이상을 감당해야 하므로 항만의 과부화나 체선·체화로 인한 경제적 손실 발생 등의 부작용이 우려되는 상황이었다. 다만 당시까지만 해도 항만은 물동량 자체가 크게 많은 양이 아니었기에 심각한 부작용은 피해 갈 수 있었다(국토개발연구원, 1996:605-606).

한편, 공공투자에 의해 형성된 자본스톡과 항만 화물 취급량

|그림 16| 부산항 선적 광경(1971년)

과의 일종의 자본계수capital coefficient를 의미하는 '시설 소요량 대비 항만자본스톡'을 살펴보면 1962년 56,750원에서 1981년 15,800원으로 크게 감소하여 생산성 측면에서 큰 향상을 이루었다(국토개발연구원, 1996:606). 지속적인 시설투자 및 확충에도 불구하고, 항만 역량이 경제성장의 속도를 충분히 따라가지 못한 것은 사실이다. 하역량에 비해 항만시설은 부족하였고 시설은 늘 초과 운영될 수밖에 없는 상황이었지만, 박정희 시대의 항만개발은 수출주도 경제성장 전략과 그럭저럭 보조를 맞추는 데 성공했다(표 10 참조).

우리나라 최초의 공항은 1916년 여의도에 건설된 간이 비행장이다. 이후 평양, 대구, 신의주, 함흥, 청진, 울산 등지에도 비행장이 들어섰는데 이는 모두 일본의 대륙 진출 교두보로 삼고자 한 목적의 결과이다(한국교통연구원, 2006:186-187). 김포공항은 1939년 일본군 전용 비행장으로 건설되었는데, 초기에는 소형 활주로가 3개인 삼각형 형태로 조성되었다. 당시 활주로를 3개나 건설한 것은 항공기가 소형이어서 조금만 측풍이 불어도 운항이 불가하였으므로 바람 방향에 맞춰 항공기를 운항하기 위한 것이었다(한국교통연구원, 2006:187). 말하자면 열악한 항공 사정을 대변한 것이라 볼 수 있다. 한편, 1948년 10월에는 우리나라 최초의 민간항공사인 대한국민항공사KNA가 창립되었으나 1962년 폐업하고 말았다. 당시 폐업 사유는 항공기 대파大破 및 납북拉北으로 인한 항공기 손실[18], 자금 부족, 빈번한 환율 변동, 과중

---

18 보유 항공기 중 한 대는 1957년 7월 부산 수영공항 착륙 중 측풍으로 뒤집혀 크게 부서졌고, 다른 한 대는 1958년 2월 고정간첩에 의해 납북되었다(한국교통연구원, 2006:187).

| 표 10 | 경제계획기간별 항목별 원단위 비교(1962-1981)

구분	하역능력(A) (천톤)	시설소요량(B) (천톤)	항만자본스톡(C) (백만원)	B/A	C/B
1962	9,300	5,370	304,751	1.73	56.75
1967	14,650	13,501	414,913	0.92	30.73
1971	18,781	23,425	660,398	1.25	28.19
1976	30,021	48,423	1,059,503	1.61	21.88
1981	82,261	101,397	1,602,141	1.230	15.80

출처: 국토개발연구원(1996:607)
주석: 시설소요량은 총화물량에서 유류물량을 제외한 것임

한 유류세 등이었다.

그 사이 김포공항은 1958년 1월, 기존 여의도 공항과 합치기 위한 확장공사를 거쳐 4월에 대한민국을 대표하는 국제공항으로 지정되었다.[19] 1962년 대한국민항공사가 문을 닫은 다음 박정희 정부는 동년同年 3월, 100% 정부 출자로 대한항공공사를 설립하였으나 만성적인 적자에 시달려야 했다. 이에 박정희 정부는 1968년 10월 대한항공공사의 민영화를 결정하였고, 우여곡절 끝에 1969년 2월 한진상사가 이를 인수한 것이 현재의 대한항공이 되었다.

그 이후 박정희 시대 한국의 항공산업 발전사는 사실상 대한항공 기업의 성장사와 같다. 1980년대 후반 복수 항공사 경쟁 체제 도입으로 민간항공 산업 구도 자체가 바뀌기 전까지, 우리나라에서는 대한항공이 유일한 국적기였다. 부채를 23억 원이나 갖고 있던 대한국민항공사의 인수 과정과 관련하여 박정희와 조중훈의 일화는 널리

---

19 보다 자세한 내용은 김포국제공항 공식홈페이지 공항소개 참조.

| 그림 17 | 최초의 민간항공사 대한국민항공사(KNA)

출처: 국가기록원

알려져 있다. 당시 박정희는 "국적기는 하늘을 나는 영토 1번지고, 국적기가 날고 있는 곳까지 그 나라의 국력이 뻗치는 게 아니겠소. 대통령 재임 기간에 전용기는 그만두고서라도 우리나라 국적기를 타고 해외여행 한번 해보는 게 내 소망이오"라며 자신의 입장을 전했고, 이에 대해 조중훈 당시 한진상사 회장은 수송보국輸送報國이라는 말로 답했다는 이야기다.[20]

대한항공의 초기 정상화 과정은 쉽지 않은 일이었다고 한다.[21] 어렵게 연 미국과의 하늘길도 막상 실어 나를 물건이 없어 애를 먹었다. 당시는 정부 주도로 경제개발 5개년계획이 활발히 진행되던 때

---

20 중앙일보, 2015.11.03 기사; 황창학 전 (주)한진 부회장이 작성한 월간조선, 2011.01, '조중훈과 한진 하늘길과 바닷길을 개척해 輸送報國의 기틀을 다지다' 기사 참조.

21 월간조선, 2011.01 기사 참조.

구분	여객 수송(단위: 천명)			화물 수송(단위:천톤)		
	소계	국내선	국제선	소계	국내선	국제선
1969	702	607	95	3.4	1.2	2.2
1970	1,180	936	244	6.1	1.7	4.4
1971	1,463	1,150	313	10.2	1.6	8.6
1972	1,640	1,130	510	15.6	1.2	14.4
1973	2,214	1,278	936	28.1	1.4	26.7
1974	1,924	991	933	42.4	2.3	40.1
1975	2,046	901	1,145	54.8	2.9	51.9
1976	2,076	785	1,291	59.5	2.7	56.8
1977	2,468	1,083	1,385	62.1	3.1	59.0
1978	2,919	1,461	1,458	98.4	11.0	87.4
1979	3,468	1,812	1,656	130.5	13.9	116.6

| 표 11 | 연도별 여객 수송 및 화물 수송 실적

출처: 국토개발연구원(1996:612-613)

였고 수출을 통한 외화 획득을 최대 당면 과제로 여기고 있던 시기였지만, 그때만 하더라도 무역규모가 크지 않아 항공으로 실어 나를만한 화물의 확보가 어려웠다고 한다. 그럼에도 포기하지 않고 끝까지 추진할 결과 항공 화물 수송은 크게 신장되었는데, 1969년 국제선 기준 2.2천 톤에 불과한 수치가 1979년에는 116.6천 톤으로 53배가 증가하였다. 이와 같은 사실이 정부의 수출입국 정책에 기여한 바가 크다는 점은 아무리 강조해도 지나치지 않을 것이다(표 11 참조).

3) 나오며

격동의 경제성장기 모든 분야의 성과가 그러하듯 박정희 정부의 등장 이후 일어난 항만·공항의 수송능력 변화 역시 괄목할 만한 수준이다. 해운의 하역능력은 1957년 670만 톤에서 1981년 8,742만 톤으로 13배나 증가하였고, 선박의 총톤수 역시 33만G/T에서 496만 G/T로 15배 넘게 늘어났다. 같은 기간 항공기는 24대에서 199대로 증가하였고, 국제선 기준 항공 여객은 2.2만 명에서 313만 명으로, 항공 화물은 137만 톤에서 20,543만 톤으로 150배가량 늘어나 압축적 고도 경제성장에 톡톡히 기여했다(표 12 참조).

| 표 12 | 항만/공항의 수송능력 변화(1957-1981)

구분		1957(A)	1981(B)	변화비율(B/A)
해운	하역능력(만톤)	670	8,742	13.05
	선박(만G/T)	33	496	15.26
항공	항공기(대)	24	199	8.29
	(국제)항공여객(만명)	2.2	313	143.32
	(국제)항공화물(만톤)	137	20,543	149.84

출처: 국토연구원(2008:214)에서 부분 발췌

어렵게 연 바닷길과 하늘길의 승승장구乘勝長驅 덕분에 오늘날 우리는 무역 강대국으로 진입할 수 있었다. 수출주도공업화와 항만 및 항공의 발달은 서로 긴밀히 연관되어 있기 때문이다. '돈 되는 건 모두 내다 팔았다'는 시대를 지나 '세계의 거상'으로 거듭난 오늘, 체화滯貨 해소에 급급하던 항만은 촉망받는 동북아 물류 허브로 바뀌었고, 가발과 스웨터로 시작한 항공 화물은 반도체와 휴대전화로 바뀌었다.[22] 그 과정에는 박정희 대통령의 역할이 주효했다. "수출이

---

22 초기 가발과 스웨터 중심의 항공 화물은 70년대 중반부터 주문자 상표 부착 방식의 전자제품과 모피류로 바뀌었고, 80년대에는 컴퓨터, 반도체, 자동차 부품 등으로 교체되었다. 이후 1990년대는 전자제품과 고가의 의류제품이, 바야흐로 2000년대에는 휴대전화, LCD, 반도체 등이 항공 화물의 주력으로 자리 잡았다. 한겨레, 2005.06.30, '대한항공 화물수송 세계 1위' 기사; 문화일보, 2005.07.02, '대한항공 화물수송 실적 세계1위' 기사; 신동아, 2008.02.12, '화물수송 세계 1위 대한항공' 기사 참조.

살길인데 들리는 말에 해운업이 잘 안 되고 있다 하니 빠른 시일 내에 획기적인 해운발전계획을 수립하여 보고해 달라"라는 그의 지시(한국교통연구원, 2006:240)와 "대통령 재임 기간에 전용기는 그만두고서라도 우리나라 국적기를 타고 해외여행 한번 해보는 게 내 소망이오"라는 그의 부탁은 오늘날 경제강국 대한민국을 만들어 낸 결정적 순간이었다.

도시정책

제5장

도시정책

1. 도시화와 도시계획

1) 들어가며

개념적으로 도시계획이란 근대 산업화 이후 급속한 도시화 현상이 제기한 각종 사회문제에 대한 공간적 대응을 말한다. 근대 이전에도 계획도시나 신도시는 존재했다. 예컨대 조선시대 한양이 전자의 경우였다면, 화성華城은 후자의 경우였다. 하지만 근대적 의미에서의 도시계획은 산업혁명 이후 서구가 도시인구의 급증과 대도시의 등장을 경험하면서 시작되었다. 산업화의 거점공간으로서 도시는 심각한 사회문제를 동반했는데, 도시계획의 효시로 알려진 19세기 중반 나폴레옹 3세 치하 '파리 대개조' 사업에서처럼, 도시계획은 단순한 물리적 공간계획이 아니라 처음부터 사회계획의 성격을 포함했다.

우리나라에서 도시계획이라는 발상이 정책적으로 처음 도입된 것은 대한제국을 선포한 고종에 의해서였지만 미완으로 끝났다. 그리고 일제시대인 1934년에 '조선시가지계획령'이라는 이름의 도시계획법이 시행되었지만, 그것의 주된 목적은 식민지 치하 인적 및 물적 자원의 통제와 동원이었다. 해방 이후 남북분단과 6·25전쟁 등을 거치며 우리나라에서도 도시화에 큰 진전이 있었다. 하지만 1960년대 이전은 대개 '산업화 없는 도시화'였다. 우리나라에서 도시계획이 본격적으로 필요해진 것은 박정희 정부가 들어선 이후 1960년대 국가 주도 산업화 이후였다. 이는 한편으로 경제성장을 촉진하기 위한 도시공간의 선제적 개발이었고, 다른 한편으로는 급속한 도시화에 따른 각종 사회문제를 해결하려는 정치적 의도의 일환이었다.

19세기 말까지만 하더라도 우리나라의 도시인구 비율은 극히 미미한 수준이었다. 인구조사가 최초로 행해진 1920년의 경우 전체 인구 중 2.9%만이 도시(읍(邑)급 이상의 지역)에 거주하고 있는 것으로 나타났고, 이 수치는 매우 완만하게 증가하여 1930년에는 5.6%, 1940년에는 11.6%, 1949년에는 17.2%(이상, 남북한 모두)를 기록할 수준이었다 (국토개발연구원, 1996:345). 해방 직후 전재민과 전쟁 전후 월남민들의 도시집중으로 1955년에는 도시화 비율이 24.5%(남한)까지 높아졌다. 그럼에도 서구의 경험처럼 산업화와 동반한 근대적 의미에서의 도시화 진전은 1960년대 이후의 일이다. 읍부 인구를 포함한 도시인구를 기준으로 할 때 1960년의 도시화율은 37.0%이었으나 1975년에는

| 표 13 | 우리나라 도시화 추세(1955-1980)

단위: 천 명, %

구분	1955***	1960	1966	1970	1975	1980
총 인구	21,526	24,989	29,193	31,469	34,709	37,449
도시인구*	5,281	9,256	12,440	15,800	20,420	25,983
농촌인구**	16,245	15,734	16,749	15,669	14,199	11,466
도시화율	24.5	37.0	42.6	50.2	59.1	69.4

출처: 국토연구원(2008:214)에서 부분 발췌

59.1%, 1980년에는 69.4%까지 급증하였던 것이다.[23] 2016년 현재 행정구역 기준 우리나라 도시인구는 46,845천 명으로 전체 인구 10명 중에 9명이 도시에 산다(표 13 참조).[24] 해방 당시 시급 도시의 수가 12개에 지나지 않고, 도시인구 규모도 225만 명에 불과하던 과거와 비교하면 실로 괄목할만한 변화다. 반세기가 조금 넘는 세월 동안 도시가 우리에게 지금처럼 보편적이고 친숙한 공간으로 자리 잡게 된 것은 박정희 시대의 경제개발이 결정적인 계기였다.

그러므로 한국의 도시화 과정을 논하는 데 있어서 1960-70년대는 단연 주목해야 할 시기다. 그리고 경제성장이 유발한 급속한 도시화는 필연적으로 도시관리나 도시개발의 수요를 촉발하였다. 제1·2차 경제개발 5개년계획과 제1차 국토종합개발계획 등의 거시적 공간 계획 하에서 도시계획이 본격적으로 추진된 것도 바로 이 시기 박정희 정권 하에서이다. 이 글에서는 우선 1960-70년대 우리나라의 전반적인 도시화 과정을 정리한다. 그리고 도시화 문제를 도시계획적

---

[23] 1965년 실시 예정이었던 인구 센서스는 정부의 사정으로 실시하지 못하고 1년이 경과한 1966년 10월 1일에 실시하였다.

[24] 2016년 전체 인구수는 51,696천 명으로 행정구역 인구 기준 도시지역 인구 비율은 90.6%에 달한다 (한국토지주택공사, 도시계획현황).

접근을 통해 전향적으로 대응했던 박정희 정부의 노력을, 주로 서울을 중심으로 논의한다.

2) 1960년대 도시계획의 태동

1960년대 이전에도 도시화의 진전은 있었다. 해방과 전쟁을 배경으로 하여 인구가 도시, 특히 서울로 몰려들었기 때문이다. 하지만 이때는 전형적인 후진국형 도시화, 곧 '산업화 없는 도시화'에 불과했다. 하지만 1960년대 연이은 경제개발 5개년계획 과정에서 도시는 경제성장의 주 무대가 되었다. 산업화와 도시화가 나란히 진행된 것이다. 특히 서울이 그랬다. 오늘날 서울은 전형적인 소비도시가 되었지만, 1960-70년대만 해도 구로동 수출산업단지가 그랬던 것처럼 한국의 대표적인 생산도시였다. 서울을 중심으로 성취된 우리나라의 초기 산업화는 서울을 가로지르는 강, 곧 '한강의 기적'이라는 말이 웅변한다. 서울만이 아니라 다른 대도시들에도 지방으로부터 고용의 기회를 찾아 인구가 밀집하기 시작했다. 울산처럼 아예 공업도시가 새로 만들어져 전국적으로 인구를 유입하기도 했다.

따라서 1960년대는 급속한 도시화율을 보여준다. 1960년 37.0%의 도시화율은 1966년 42.6%를 거쳐 1970년 50.2%까지 증가하였다. 1960-1970년 당시 도시인구의 연평균 성장률은 전국 인구 연평균 성장률 2.1%의 2.5배인 5.3%를 기록할 정도였다(국토개발연구원, 1996:366). 특히 이 시기 농촌에서 도시로의 인구 유입은 도시의 인구 규모를 증가시키고 도시노동력을 확보하는 데 중요한 역할을 담당하였다. 일자리를 찾아 먼저 떠난 가족을 따라 농촌에서 도시로, 지방에서 서울로, 사람들은 계속 몰려들었다.[25] 아닌 게 아니라 1968년부터 농촌의 절대 인구는 감소하기 시작하는데, 1966-1975년간 농촌인구는 255만 명이나 줄어든 반면, 같은 기간 도시인구는 690만 명이나 늘었다.

서울, 부산, 대구 등 대도시를 중심으로 인구 유입이 집중되는 가운데, 1970년에 이르러 서울, 부산, 대구, 광주, 대전, 인천을 비롯한 6대 대도시의 인구는 전체 인구의 77.7%에 이를 정도로 인구의 대도시 집중 현상이 심화되었다(조명래, 2003:20~21). 특히, 이 무렵 서울의 인구 급증은 괄목할 정도가 되었다. 1966년에 380만 5천 명이었던 인구가 4년 만에 543만 3천 명이 되어, 무려 162만 8천 명이나 늘어난 것이다. 당시의 서울 생활을 소설화하여 1966년부터 신문에 연재한 이호철 작가는 《서울은 만원이다》라는 글을 통해 다음과 같이 이야기한 바 있다.

> 가는 곳마다, 이르는 곳마다 꽉꽉 차 있다.
>
> 집은 교외에 자꾸 늘어서지만 연년이 자꾸 모자란다.
>
> 일자리는 없고, 사람들은 입만 까지고 약아지고,
>
> 당국은 욕사발이나 먹으며 낑낑거리고,

---

25 손정목(2003a:12)은 이를 다음과 같이 말한다. 1960년대 들어 한국경제의 고도성장이 시작되자 직장을 구하기 위해서, 또 공부하기 위해서, 농업노동력이 남아돌아서, 교통이 편리해져서 모이고 또 모였다. 형이 올라왔으니 동생도 따라 올라왔고 남편이 왔으니 처자식이 뒤따랐다. 혈연과 학연에 이끌려서 올라왔고 지연에 이끌려 올라왔다. 한번 이루어진 연고가 새로운 연고를 만들었고 그들 연고와 연고의 폭은 점점 더 크게, 또 복잡하게 확대되었으며 마침내 그칠 줄을 모르게 되었다.

신문들은 고래고래 헛소리만 지른다.

– 이호철, 서울은 만원이다 ⊕에서

인구의 도시집중과 더불어 각종 도시문제들이 발생하기 시작했다. 급격한 도시화는 주택, 교통, 각종 기반 시설의 미비 등 여러 가지 도시문제를 야기했고 이에 대응하기 위한 제도 정비와 함께 선제적 접근 차원에서의 도시계획이 국가적 필수 과제로 떠올랐다. 도시계획법을 위시한 일련의 제도들이 앞다퉈 도입된 것은 바로 이 무렵이다. 그 시작은 1962년 「도시계획법」의 제정이다. 도시관리의 새

| 그림 18 | 청계천변 판자촌과 서울의 인구밀집(1969년)

로운 제도적 수단으로서 도시계획법은 일제시대에 만들어진 조선시
가지계획령을 대체하는 법이다.

1962년에 제정된 도시계획법과 기존 시가지계획령과의 차이점
은 대략 다음과 같다(국토개발연구원, 1996:366-370). 첫째, 도시계획법과 건
축법을 분리하였다. 시가지계획령이 도시계획적 사항과 건축적 사항
을 모두 포함하고 있었던 것과 달리 박정희 정부는 도시계획법과 건
축법을 분리하였다.

둘째, 새로운 도시계획 결정 절차를 도입했다. 시가지계획령에
서 도시계획 결정 주체는 국토건설청장이었으나 도시계획법은 '권한
위임 규정'을 두어 계획 결정의 일부를 지방장관에 위임하였다. 이로
써 지역 실정을 감안하도록 하였으며, 합리적이고 실제적인 계획 수
립과 심의를 위한 중앙도시계획위원회를 설치하여 중앙의 감독 기능
을 강화하였다.

셋째, 지역지구제를 보완하였다. 주거지역과 공업지역을 각각
주거전용과 준準 주거, 공업전용과 준 공업지역으로 세분화하는 한
편, 기존의 용도지역 내에 별도의 용도를 규제할 수 있는 특별지구가
폐지되었다. 특별지구는 기존의 용도지역에 의한 소극적 규제만으로
국가시책상 특정 의도를 달성하기 곤란한 경우에 지정할 수 있었던
것이었다. 이를 폐지한 것은 국가 권력의 자의적 개입을 배제하려는
의도로 볼 수 있다. 지구의 경우, 풍기지구를 폐지하고 위생, 교육,
주거지역 안에서의 공지지구를 신설하여 도시문제 발생을 미연에 방
지할 의도로 해석될 수 있다.

넷째, 불량지구 개량사업을 신설하고 건축부지조성사업을 폐지하였다. 가로 확장 시 도로 주변의 건축부지를 정리, 조성하는 건축부지조성사업을 폐지하고 일단의 불량지구 개량사업을 도입하였는데, 이는 1950년대 생겨난 무단점거 판자촌을 개량하고자 시도된 사업이다. 이는 훗날 재개발사업의 모태가 된다.

다섯째, 도시계획시설을 추가하였다. 주차장, 유원지, 녹지, 학교, 도서관 등 도시화의 본격화에 따라 공익성이 요구되는 시설들이 추가되었다. 이 밖에 신시가지 조성 요구에 대처하고자 토지구획정리사업의 절차 규정이 보완되었고, 시가지 개발의 확대 과정에서 무분별하게 불하된 국공유지 문제를 원천적으로 봉쇄하고자 처분권을 제한하였으며 합리적인 도시계획을 위한 도시조사를 강조하였다.

1962년에 제정된 도시계획법은 시대적 상황과 여건을 반영하여 이후에도 개정 및 신규 법 제정이 이어졌다. 1963년 1차 개정은 서울의 인구집중을 정책과제로 인식하고 인구분산 정책 관련 일부 시설을 도시계획에 포함시키는 목적을 담았다. 3년 뒤인 1966년에는 급속하게 진행된 도시화로 급증하는 택지수요에 대응하고자 도시계획법에서 「토지구획정리사업법」을 분리, 제정하였다. 1971년에 전면 개정된 도시계획법은 도시 내 토지이용에 대한 규제를 강화하여 개발제한구역제도 도입 등의 제도적 근거를 마련하고자 했다. 국토개발연구원(1996:366)이 인정하는 것처럼 "당시의 이러한 노력은 현재 우리가 의지하고 있는 관련 제도의 기본 틀이라 해도 과언이 아닐 정도다."

이와 더불어 도시계획의 제도적 여건을 뒷받침할 전문가 양성 기관 및 체계적인 교육 환경이 조성되었다. 1968년 1월 서울대학교 행정대학원 내 '도시 및 지역계획학과'가 박정희 대통령의 지시로 개설되었다. 급격한 산업화, 도시화로 생겨난 도시문제, 지역문제, 환경문제, 교통문제 등을 선도적으로 해결할 전문 인력의 중요성이 제기되는 시기였다. 이후 도시 및 지역계획학과는 1973년 독립기관으로 확대, 승격하여 환경대학원이 설립되었고 이 과정에서 조경과 도시설계 분야가 추가 신설되었다. 정부 주도로 〈도시문제〉라는 잡지가 창간된 것도 같은 때였다.

|그림 19| 울산공업도시 전경(1969년)

출처: 국가기록원

1960년대 도시공간 풍경에는 급속한 도시화와 더불어 우후죽순처럼 등장한 공업도시도 결코 빼놓을 수 없다. 도시계획법 제정 이후 도시건설사업이 탄력을 받아 추진되면서 전국 곳곳에는 공업단지 배후도시들이 등장하였다. 한국 최초의 공업도시인 울산을 비롯해 경북 구미, 포항 등이 그 대표적인 사례다. 논밭이 전부였던 공간에 회색 건조建造환경이 늘어나고 근대적 도시기반 시설들이 들어차기 시작했다.

그 가운데 울산은 우리나라 최초의 공업도시이다. 1962년 제1차 경제개발 5개년계획의 착수와 함께 출발한 울산공업단지에는, 그의 배후도시로서 기존의 울산읍을 확장한, 목표인구 15만의 울산 신시가지가 조성되었다(국토개발연구원, 1996:369). 공업도시의 특성상 도시 이용 및 경관상 공장 중심의 시설이 현저하고 연령별 인구구성 및 성비에서도 특색을 보이는 등, 농업 중심의 작은 포구를 가진 유명세 없던 지역이 어느 한순간에 세계적인 공업도시로 탈바꿈되었다. 반세기 넘어 지금까지 비철금속과 석유화학, 중공업, 자동차 등의 국가 기간산업을 이끌어 오고 있는 이곳은 2017년 현재 누계 생산액 100조 원이 넘는 명실상부한 한국 최대 산업도시로 자리매김하고 있다.[26]

당대 한국인들에게 도시화는 한편으로는 기대와 희열, 또 다른 한편으로는 불안과 상실을 의미했다. 도시화의 대세 속에 지금까지

---

26 한국경제, 2018.04.13, '지역경제 먹여 살리는 '국가산업단지' 누계 생산액 많은 곳은?' 기사 참조.

익숙했던 농촌 생활이나 전원생활은 많은 미련을 남기기도 했다. 이를 대변하듯 1960년대를 풍미하던 대중가요 중에는 '강촌에 살고 싶네'(나훈아, 1969년), '너와 나의 고향'(나훈아, 1969년), '고향무정'(오기택, 1966년) 등과 같이 고향을 그리거나 농촌 정서를 떠올리게 하는 노래들의 인기가 유난히 많았다(김형찬·원용진, 2007). 무엇보다 갑자기 잃어버린 것에 대한 상대적인 그리움이 컸던 시대였기 때문일 것이다. 하지만 그것은 시작에 불과했다. 숨 가쁘게 진행된 1960년대의 도시화는 1970년대 들어 더욱 가속화되었기 때문이다. 도시인구가 농촌인구를 상회한 1970년을 지나 우리나라는 바야흐로 확실한 도시 우위의 시대로 자리 잡기 시작했다.

> 씨뿌려 가꾸면서 땀을 흘리고
> 냇가에 늘어진 버드나무 아래서
> 조용히 살고파라
> 강촌에 살고싶네
>
> – 나훈아, 강촌에 살고 싶네 中에서

3) 1970년대 도시계획의 발전

1972년 10월유신에서부터 오일쇼크에 이르기까지 고도 경제성장은 계속되었다. 그리고 그것의 공간적 거점은 도시였다. 급속한 도시화에 따라 정치적, 사회적 혼란이 없지 않았지만, 경제적인 차원에서 고도 경제성장을 선도한 것은 단연 도시였다. 1980년에 이르러 도시화율은, 전국 인구 37,449천 명 중 25,983천 명이 읍급 이상의 도시지역에 거주함으로써, 69.4%를 기록하게 되었는데, 이는 1975년 59.1%에 비해 10.3%나 상승한 수치였다.

그러나 1960년대 후반부터 이미 예고된 바와 같이, 절대다수의 도시인구가 일부 대도시 지역에만 거주하는 공간적 편중 현상이 고착화되어 1970년대는 전 국토에 걸친 상대적 성장 격차의 누적 및 심화라는 문제점이 가시화되었고, 이를 해소하기 위한 정책적 접근이 불가피해진 시기이기도 했다. 1970년대 도시화 과정은 크게 보아 서울 등 대도시의 비대화, 공업단지 조성에 따른 배후도시의 성장, 그리고 끝을 모르고 여전히 지속되는 이촌향도 행렬 등으로 묘사할 수 있다.

도시화의 심화에 따라 복합적인 문제 대처를 필요로 하는 상황이 많아졌다. 특히 서울은 도시문제의 최대 온상이나 다름없었다. 전국 각지로부터 수많은 사람들이 몰려들면서 도시 특유의 무질서함이 팽배해진 가운데, 공간에 비해 비대해진 규모는 집적의 불경제를 발생시켰다. 1960년대 초반부터 시도된 대도시 및 수도권의 인구분산 정책이 1970년대 들어 하나의 정책과제로 부상할 수밖에 없는 순간이었다.[27] 이와 관련한 첫 번째 조치로 1971년에는 도시계획법이 전면 개정되었다. 당시 도시계획법 개정 사유는 다음과 같다.

---

27 1963년 말 서울시의 인구가 300만 명을 넘어서자 문제의 심각성을 인식한 정부는 인구와 산업시설이 서울과 부산 등 대도시에만 집중하는 것을 막기 위해 다각적으로 노력을 벌이기 시작했다. 그러나 실효를 거두지 못했다.

[…] 그간 정부의 강력한 공업화 정책에 따라 이룩한 산업구조의 고도화로 도시 주변에는 많은 인구가 집중하게 되었으며, 이로 인한 도시의 급격한 팽창은 법으로 해결할 수 없는 여러 가지의 도시문제를 야기하게 되었는 바, 이 개정 법률은 이러한 문제를 해결할 수 있는 견지에서 도시계획을 결정하게 하는 한편, 사업 추진의 세부 절차를 규제하고 도시의 과대화 방지, 도시의 과밀화 방지, 도시환경 조성에 필요한 공지의 확보와 이에 따른 사권의 보호 등 법 운용상 미비점을 보완하려는 것임.

당시 개정된 도시계획법은 도시 내 토지이용에 관한 규제를 강화하여 토지의 고도 이용과 단계적 개발을 유도하고자 지구제를 세분화하는 한편, 토지 형질변경을 포함한 모든 개발행위에 시장·군수의 허가 규정을 두었다. 또한 시가지 개발사업을 체계화하기 위해 특정시설제한구역, 개발제한구역, 도시개발예정구역의 3개 구역을 신설하는 등 새로운 도시계획적 수요에 체계적으로 대응하고자 하였다(국토개발연구원, 1996:371-374).

그중 그린벨트Greenbelt라고 불리는 개발제한구역은 이제까지의 시책들이 별 효과를 거두지 못하자 1970년 1월 박정희 대통령이 서울시 연두순시 자리에서 직접 지시한 사항이다(한국경제60년사 편찬위원회, 2011:61). 그린벨트는 시가지 외곽에 개발을 전면적으로 제한하는 일정 구역을 지정함으로써 도시의 평면적 확산을 방지하고 도시 주변의 자연환경을 보전하여 무분별한 도시 성장을 관리하는 특별지역이다. 1971년 7월 서울을 시초로 1977년까지 총 8차례에 걸쳐 전 국토의 5.4%에 해당하는 5,397㎢의 면적이 그린벨트로 지정되었다.[28] 이후 일부 개발제한구역의 조정이 있었지만 지금까지 명맥을 유지하고 있는 본 정책은 비록 사유재산의 침해라는 문제점이 제기되어 있기는 하지만 도시환경의 보호라는 공적은 아무리 강조해도 지나치지 않다.

한편, 1973년에는 「산업기지개발촉진법」이 제정되었다. 이 법은 허가·승인에 관한 별도의 의제 규정을 명기하여 산업기지 개발사업 실시 계획 승인만 얻으면 그 시점부터 도시계획법, 수도법, 하수도법, 공유수면매립법, 항만법, 하천법, 도로법, 농지의 보전 및 이용에 관한 법률, 산림법, 임산물 단속에 관한 법률 등에 의한 일체의 허가·인가·동의·승인을 받은 것으로 간주한다(국토연구원, 2008a:115). 이러한 초월적 성격의 법 덕분에 공공이 주체가 되어 대규모 토지를 매입, 개발, 분양하는 이른바 공영개발 방식이 정착되었고 대규모 도시개발도 급물살을 타기 시작했다. 기존 토지구획정리사업에만 의존해 왔던 시가지조성사업이 공영개발 방식을 통해 빠른 시일 내 대규모 도시환경으로 조성 가능해짐에 따라 당시 추진 중이던 반월, 여천, 구미, 창원, 포항 및 광양 등의 공업단지와 배후도시 건설에 박차를 가하게 되었다. 또한 울산, 옥포, 미포의 3개 조선소, 고리, 월성 등 원자력 발전소, 대덕 연구단지 등이 조성되는 성과를 보였다(국토개발연

---

28 매경이코노미, 2017.12.15, "그린벨트가 사라진다" 기사 참조.

| 표 14 | 1970년대 행정구역별 인구현황

단위: 천 명, %

연도	총인구	시부인구	읍부인구	면부인구
1970	31,469	12,955(41.2)	2,845(9.0)	15,669(49.8)
1975	34,709	16,709(48.4)	3,711(10.7)	14,199(40.9)
1980	37,449	21,441(57.3)	4,542(12.1)	11,466(30.6)

출처: 통계청, 인구주택센서스 각 연도

구원, 1996:377-378).

　　1970년대 계속되는 농촌 이탈 행렬에 공동체적 삶의 방식은 물론 농촌 자체가 붕괴될지 모른다는 위기감이 몰려왔다. 이미 1970년 읍부 인구를 포함한 도시인구가 면부인구에 속하는 농촌인구를 근소한 차이 나마 추월하기 시작한 가운데, 행정구역상 시부인구는 갈수록 증가하는 상황이었다. 급기야 1980년이 되면 시부인구는 전체 인구의 57.3%를 보이며 독보적으로 앞서나가고 면부인구는 30.6%로, 불과 5년 전에 비해 10% 가까이 크게 감소한 수치를 보인다(표 14 참조). 농촌 부문의 쇠퇴와 도시 부문의 성장 격차가 사회 갈등 및 불안의 요소로 밀어닥치며 사회문제화될 징조가 농후했다.

　　이처럼 급속한 산업화, 도시화에 의해 도농격차가 벌어지던 시점에서 농촌지역을 중심으로 새마을운동이 착수되었다. 새마을운동의 기원은 1970년대 초에 들어와 일시 과잉 생산된 시멘트를 정부가 직접 구매하여 전국 자연부락에 동일하게 분배하고 그 성과를 평가하는 과정에서, 마을 단위가 공유하는 근면·자조·협동 등의 사회자본 축적 정도에 따라 사업 결과가 달리 나타났다는 점에 있다. 다시 말해 새마을운동은 사회자본과 사업의 성공이 비례한다는 점을 눈여겨 본 박정희 대통령이 농촌지역 고유의 사회자본을 자극하고 활용한 농촌개발정책으로서, 도시에 대한 농촌지역의 열세를 만회하고자 전개한 것이었다. 당시 새마을운동은 물리적 환경개선뿐만 아니라 정신계발운동에 이르기까지 다양한 범주로 이뤄졌는데, 소득증대사업은 가장 역점을 둔 사업이었다. 그 결과, 1971년 당시 농가 소득은 도시근로자 소득의 78.8%를 차지하고 있었는데 1982년에는 도시근로자 소득의 103.2%를 차지하여 농가 소득이 도시근로자의 것을 초과하는 성과를 거두기도 하였다(차미숙, 2008). 새마을운동은 건국 이후 대한민국 정부가 시행한 정책 가운데 국민적 호응도가 가장 높았던 사업으로 평가받고 있을 뿐만 아니라, 오늘날 수많은 제3세계 국가들을 대상으로 수출되는 대표적인 '한류 정책' 가운데 하나로 손꼽히고 있다.

4) 나오며

농본주의를 대표하는 말로 농자천하지대본農者天下之大本이라는 표현이 있다. 농업은 천하의 사람들이 살아가는 큰 근본이라는 뜻으로 오늘날은 농업을 장려하는 말로 종종 쓰인다. 그간 농업·농촌이 열세에 몰리면서 이 오랜 어구마저 본래의 뜻을 잃고 상대적으로 힘이 빠진 모양새다. 하지만 지난 세월을 반추해보면 우리나라 제1의 경제공간은 도시가 아닌 농촌이었다. 1970년 이전까지 도시보다 농촌에 더 많은 인구가 살았고, 도시경제가 국가 경제를 주도하게 된 것은 이제 겨우 반세기 남짓하다. 결국 비약적으로 성장한 도시의 발전은 급속도로 해체된 농촌과 치환한 값이라 할 수 있다.

흔히 각 시대마다 그 시대를 대표하는 도시 패러다임이 존재한다고 말한다. 시대가 정한 나름의 목표에 따라 도시는 목표 달성을 위한 수단이 되기도 하고, 그 자체로 결과가 되기도 한다. 1960-70년대 도시는 경제성장을 목표로 일로매진하였고, 산업화 과정을 통해 가장 눈부시게 성장한 국토공간이 되었다. 실제 1961년 박정희 정부와 함께 도약을 시작한 도시화는 약 한 세대(30년) 후인 1990년에 이르러 서구 도시화의 종착 단계라 할 수 있는 75%에 이르게 된다. 서구의 도시화가 도약기에서 성숙기까지 150-200여 년의 시간을 소요했다면 우리의 도시화는 1/5 혹은 1/6의 기간 동안 한 사이클을 완주한 셈이다(조명래, 2003:17-18). 급속한 도시화라는 말이 실감 나지 않을 수 없는 대목이다.

당시 압축적 성장을 한 것은 비단 경제만이 아니었다. 조국근대화 과정의 산물이자 경제성장의 현주소로서 도시의 발전이 그저 수동적인 경제성장의 파생물이 아님을 두고 하는 말이다. 거시적 경제발전계획 속에 적극적인 역할을 수행한 도시공간이 없었다면 작금의 고도 경제성장은 불가능했을지도 모른다. 물론 도시화 과정에서 쇠락하는 농촌 현실을 보듬지 못한 것은 아쉬운 대목이 아닐 수 없다. 앞으로 시간을 투자하고 관심을 집중하여 끊임없이 살펴나가야 할 숙제임이 분명하다. 도시 성장의 대척점이 아닌, 동반자로서 상생하는 농촌의 등장이야말로 진정한 도시발전의 완성이기 때문이다.

2. 서울과 도시계획

1) 들어가며

서울은 예나 지금이나 우리나라 수위도시다. 조선왕조 500년은 물론이고 일제시대와 분단, 전쟁, 격동의 근대화, 그리고 최첨단 정보기술이 지배하는 현재에 이르기까지 시대가 흐르고 체제가 바뀌며 산업구조가 변화해도 서울의 위상이 크게 달라진 적은 없다. '사람은 나면 서울로 보내고 말馬은 나면 제주로 보내라'라는 말이 있듯이, 서울의 특별한 공간적 위상은 '특별시'라는 표현으로도 충분히 알 정도다.

근대 이후 수도首都 서울을 특별하게 만든 순간은 수도 없이 많았다. 세운상가 건설, 서울 지하철 개통, 여의도 건설, 강남 개발, 88 올림픽 개최, 청계천 복원, 뉴타운 정책, 서울로 7017 등 서울 시내에 변화의 바람이 불지 않을 때란 거의 없었다. 없던 것을 새로 만들고, 있던 것을 허물어 다시 만드는 동안, 대한민국은 '서울공화국'이 되었다는 내외부의 평가도 있다.

오늘날과 같은 서울이 탄생하고 변화하는 과정에서 수많은 인물을 거론할 수 있다. 그 가운데 박정희 대통령은 단연 주도적 인물이라 할 것이다. 《서울 도시계획 이야기》를 집필한 손정목의 증언에 따르면 제3·4공화국 당시 박정희 대통령이 직·간접적으로 관여하지 않은 국정은 단 하나도 없었는데, 서울시 행정 또한 예외가 아니었다고 한다. 박정희 대통령에게 서울은 과연 어떤 도시였는지 그의 말을 빌려보면 다음과 같다(손정목, 2003a:14-15).

[…] 서울시내 도처에 파여 있는 지하도도 그에게 보고된 후 굴착되었고 그 숱한 도로의 신설·확장 또한 모두 그에게 보고된 후에 착수되었으며, 세운상가도 한강건설도 강남개발도 그에게 보고된 후에 착수되었다. 여의도광장이나 잠실개발, 도심부 재개발, 소공동 롯데타운 등도 그의 직접 지시에 따라 이루어졌다. 지하철 종로선도 그의 지시에 따라 건설된 것이고 지하철 2호선은 그의 재가를 받은 후에 노선 자체가 변경·추진되었다. 능동에 있는 어린이대공원은 그의 지시에 따라 이루어졌고 과천에 있는 서울대공원도 그가 깊숙이 관여했다. 경부·경인 고속도로도 과천 신도시 건설도 개발제한구역도 행정수도도 모두 그의 지시에 따라 이루어졌다. 이것들은 그 누군가 건의한 것이 아니라 박정희 대통령이 직접 착상한 것이었다.

박정희 대통령은 수도인 서울시 도시계획 전반에 걸쳐 엄청난 영향력을 발휘했으며, 그의 유산은 서울시 도처에 아직 남아있다. 고도 경제성장기 1960년대와 70년대, 서울은 조국근대화의 표상이자 경제발전의 최대 수혜 도시였다. 하루가 멀다 하고 변화하는 서울의 모습은 그 무렵 보편적으로 보급되기 시작한 TV와 라디오 등을 통해 나라 곳곳에 중계 방송되었고, 그 소식과 영상을 쫓아 전국 각지의 사람들이 서울로 더욱더 밀려들었다. 그 이면에서 박정희 정부는 적극적인 인구분산 정책을 실시하는 한편, 기반 시설 확충 및 시가지 확대 재편 등을 통해 서울의 질적 쇄신을 구상하였다. 여기서는 행정수도 건설안을 비롯한 서울의 인구분산 정책, 그리고 서울의 각종 현대화 계획을 살펴본다.

2) 서울의 인구 분산

'모로 가도 서울만 가면 된다'라는 말이 있듯이 사람들은 서울로 몰려들었다. 일자리를 쫓아, 새로운 삶을 찾아 '무작정 상경'한 사람들로 1955년 157만 명이었던 서울 인구는 경제개발 5개년계획이 시작한 이듬해인 1963년에 300만 명을 넘어섰다. 교통난은 물론 주택난, 상수도 급수난, 2부제 수업, 쓰레기처리, 각종 범죄 등 여러 가지 도시문제가 산적하였고, 급기야 윤치영 당시 서울시장은 '지방민

| 그림 20 | 무작정 상경

출처: 뉴스 라이브러리

|표 15| 서울 및 수도권 인구 수 및 비중(1955-2010)

구분	서울		수도권	
	명	%	명	%
1955	1,568,746	7.3	3,928,304	18.3
1960	2,445,402	9.8	5,194,167	20.8
1966	3,793,280	13.0	6,895,605	23.6
1970	5,525,262	17.6	8,878,534	28.2
1975	6,879,646	19.8	10,914,171	31.5
1980	8,350,616	22.3	13,280,951	35.5
1985	9,625,755	22.3	15,803,288	39.1
1990	10,603,250	24.4	18,573,937	42.8
1995	10,217,177	22.9	20,159,295	45.2
2000	9,853,972	21.4	21,258,062	46.2
2005	9,762,546	20.8	22,621,232	48.1
2010	9,631,482	20.1	23,459,570	48.9

출처: 국가통계포털(kosis.kr)
주석: %는 전국 인구대비 서울 및 수도권 인구비중

서울이주를 허가제로 하는 입법'을 요청하며 세간의 민심을 뒤흔들기도 했다(손정목, 2003d:179-182).

과거부터 현재까지 서울 및 수도권의 인구 추이를 살펴보면, 1960년 약 250만 명의 서울 인구는 1980년 835만 명 정도로 3배 넘게 증가하였다. 마찬가지로 동同기간의 수도권도 2.5배 증가한 수치를 보인다. 1975년에 이르러 이미 인구의 과반이 서울을 비롯한 수도권 지역에 거주하는 가운데, 최근까지도 서울 및 수도권의 인구집중은 거스를 수 없는 대세가 되어있다(표 15 참조).

인구 과밀로 인한 도시문제뿐만 아니라 인구 편중으로 인한 국토문제에 이르기까지, 풀어야 할 숙제는 산적하였지만 정책의 우선순위에서 놓고 봤을 때, 박정희 대통령에게 무엇보다 중요한 숙제는 바로 안보 문제였다. 고급장교 신분으로 6·25전쟁을 치른 박정희 대통령에게 북한 정권의 남침은 언제 다시 있을지 모르는 일이었고, "(1964년 당시) 350만 서울 인구를 데리고 전쟁을 치를 수 있을 것인가"라는 고뇌에 빠질 만큼 북한의 대남 무력 도발 가능성과 서울의 인구 과밀은 생각만 해도 아찔한 일이었다(손정목, 2003d:182). 결국 그가 찾은 답은 인구 분산이었다. 과밀한 서울 인구의 분산 방안이 필요하다는 그의 지시에 따라 속도전을 방불케 하듯 각종 인구분산 정책들이 쏟아져 나왔다.[29] 1964년 대도시 인구집중 방지책을 비롯해 1969년 수도권 인구집중 억제 방안, 1972년 대도시 인구분산 시책, 1975년 서울시 인구분산 계획, 1977년 수도권 인구 재배치 계획 등이 바로 그것이다.

이 가운데 1964년의 대도시 인구집중 방지책 내용을 자세히 살펴보면(표 16 참조) 정치적, 경제적, 사회적 측면에서 여러 시책들이 나열되는데, 관공서의 지방이양, 대도시 공장 신설 억제뿐만 아니라 귀향을 주제로 한 영화제작에 이르기까지 서울의 인구 분산을 위한 직·간접적 노력이 매우 절실함을 알 수 있다. 1960년대 후반 서울에는 공장 건설이 금지되고 주민세가 신설되는 한편, 개발제한구역 설정, 대학의 신설 금지 및 정원 증가 억제 등의 조치가 뒤따른다. 이밖에 동진강, 전남, 김해지역 등에서 실시된 수십, 수백만 평의 대규

---

29 손정목(2003d:182)에 따르면 1964년 5월 11일 내각 개편으로 새로 취임한 정일권 총리에게 박 대통령은 조속한 서울 인구집중 방지책 수립을 당부하였고, 국무총리 지시를 받아 건설부가 성안한 최초의 대도시 인구집중 방지책이 대통령에게 보고된 것은 그 해 9월 22일이었다. 보고를 받은 대통령은 오늘 안에 긴급 국무회의를 소집하여 의결하라고 지시하여 그날 야간에 국무회의에서 의결 발표되었다.

| 표 16 | 대도시인구집중방지책(1964년)

구분	주요내용
정치적 대책	가. 대도시와 관계가 적은 관공서는 정책적으로 지방에 이전한다(군 관계, 농업 　관계 등) 나. 세제의 균등화를 기하여 영세민의 대도시 유입을 방지한다(극빈자를 제외 　하고는 영세민에게도 과세를 법제화한다) 다. 정치적 과밀 배려를 중지한다
경제적 대책	가. 전원도시 및 신산업 개발 도시를 배치, 계획하여 각 지방에 생활근거지를 　조성한다 나. 농토 개간을 적극적으로 확장하여 농민들의 이농을 방지하는 한편 도시 영 　세민의 농촌 이주를 유도한다 다. 대도시 실업자 흡수를 위한 국토건설사업을 특정지역에 적극 추진한다 라. 대도시 공장시설의 확장을 억제하여 신개발 도시에 유치토록 한다 마. 대도시와 인접된 중소도시와의 고속교통 도로시설을 촉진함으로써 대도시 　와의 소통을 원활히 한다 바. 신산업도시에 건설하는 공장시설의 보호책을 쓴다(부지 확보, 자금 융자 등) 사. 농촌공업을 유치 조장한다
사회적 대책	가. 구호 대책을 농촌에 치중한다 나. 도시 영세 실업자의 구호 대책으로 신산업도시에 대한 취업알선을 적극 추 　진한다 다. 문화시설 및 공보 시설을 대도시보다 농촌에 중점 설치한다 라. 교육정책을 산업구조에 알맞도록 개선한다 마. 외국의 구호기관은 주로 지방에서 활동토록 한다 바. 복지시설의 지방 유치 및 선도책을 쓴다 사. 대도시 학교 및 교육 시설의 확장을 억제하여 지방에 유치한다
행정적 대책	가. 농촌 경제의 PR을 강화한다 나. 정부는 지방기업체를 육성한다 다. 귀향을 주제로 한 영화제작 계몽을 추진한다

출처: 손정목(2003d:183-184)

모 간척 사업과 구미, 창원, 여천 등 동남권에서의 대규모 공업단지 개발도 이농인구 최소화, 인구 대도시 집중 방지 등을 겨냥한 서울 인구집중 방지책의 일환이었다(손정목, 2003d:185).

　그럼에도 서울을 향해 몰려오는 인구를 막는 일이란 결코 녹록 지 않았다. 손정목에 의하면 박정희라는 인물은 마음만 먹으면 못하

| 표 17 | 주요 인구분산정책(1960-1970년대)

정책명	주요내용
대도시인구집중방지책 (1964)	2차관서의 지방이양 전원도시 및 신산업도시 개발 대도시의 공장 신설 억제 교육 문화시설의 지방 치중
수도권인구집중억제방안 (1969)	수도권 권역 확정 그린벨트 설정 조세에 의한 인구집중 억제 학교 증설 및 증원 억제 중앙관서의 지방이전 및 권한 이양
수도권인구과밀집중억제에 관한 기본지침 (1970)	인구집중 요인 해소 (도시와 농촌의 균형 발전/국토종합개발계획의 수립/과도한 중앙집권 경향 지양) 집중 억제를 위한 긴급 대책 (법적 규제: 제한구역 설정/행정적 조치: 행정권한 이양, 정부 청사 등 사옥 이전) 수도권 정비
대도시인구분산시책 (1972)	산업부문: 대도시 내 공장 신설 억제 및 이전추진을 위한 조세 정책 교육부문: 대도시의 고교 이상 교육 시설 신증설 금지 및 지방 대학 육성 행정부문: 행정권한 이양 및 공공기관의 지방이전 도시부문: 위성도시 건설, 특정시설제한구역지정, 3대 도시에 대한 주민세 신설 등
대도시인구분산시책 (1973)	주민세 신설을 위한 지방세법 개정 국영기업체 본사, 공공기관의 지방이전 권장 공해공장 등의 지방이전 일정 규모 이상 건축물의 신·증설 제한 등 위생업소의 신규 허가 억제
서울시인구분산계획 (1975)	공업지역 축소 및 주거지역 내 공장입지 금지 지방 학생의 서울 전입 억제 및 강남 개발 촉진
수도권인구재배치계획 (1977-1986)	수도권 내 공장의 신·증설 규제와 이전 수도권 남부지역 인구 수용여건 조성 조세, 금융, 권한 이양 등 기타 지원시책 마련 수도권 정비

출처: 국토개발연구원(1996:211-216)

는 일이 없는 절대 권력자였지만 간절하게 하고 싶으면서도 못한 일이 두 가지 있었다고 한다. 첫째는 물가앙등을 잡는 일이었고, 둘째는 서울 인구집중을 방지하는 일이었다는 것이다(손정목, 2003d:186).

　　1960년대에 제기된 서울의 인구분산 정책은 1970년대 들어 질적인 변화의 계기를 맞이한다(표 17 참조). 당시 북한이 개발하여 보유하게 된 장거리포의 사정거리 등을 고려하여 기존 서울 강북 중심에서 서울 전역 및 수도권 인구 전체가 억제되어야 한다는 것으로 서울의 지역 범위가 확대된 것이다.[30] 만약 사정거리 200㎞에 달하는 북한의 장거리포가 세종로 중앙정부청사를 조준하여 맞춘다면 서울은 그야말로 쑥대밭이 될 수밖에 없다는 생각에 박정희 대통령은 청와대 비서실과 제1무임소장관실을 통해 수도권 인구집중 방지책을 전담하게끔 하고, 서울시 남쪽에 장거리포 안전지대를 찾아 제2정부청사 건설을 추진하는 한편, 서울에서 한 시간 또는 한 시간 반 정도 지점에 제2의 수도, 즉 임시행정수도 건설을 계획한다. 그 결과, 1977년 수도권의 이전촉진·제한정비·시설유치 등 3개 지역 구분을 골자로 하는 '수도권 인구 재배치 계획'이 제1무임소장관실 주재 하에 보고되고, 관악산 기슭인 과천 문원리 일대에 정부제2청사 및 신도시가 건설되었으며, 오늘의 세종을 있게 한 '행정수도 건설을 위한 종합보고서'가 1979년 박정희 대통령에게 제출되었다.

---

30 손정목(2003d:186-187)에 따르면 1970년대 전반기 즉, 1975년 초까지만 해도 "이북에서 남침해오면 그 많은 인구가 도강 피난할 수가 없다... 그러므로 강북 거주 인구 중 많은 부분이 강남에 이주하기를 바란다"였으나 인도차이나 반도의 공산화 도미노 현상, 북한의 장거리포 보유 등으로 인해 "비단 강북만이 아니라 서울 및 수도권 인구 전체가 억제되어야 한다"로 변화하였다.

|그림 21| 임시행정수도 건설 발표 언론 보도

당시 기획된 임시행정수도는 여러 기준들을 통해 발굴된 적지
였다(손정목, 2003d:207–213). 방위와 수도의 확산 효과, 국토의 중심권
등이 주요 고려 기준이었다. 먼저 적의 공격을 감내할 수 있는 방위
적 측면을 우선적으로 고려하여 휴전선에서 70km 이상, 해안선에서
40km 이상 떨어진 지역을 대상으로 하되 서울에서의 거리를 충분히
고려하여 서울에서 70km이상 140km이내의 지역에서 되도록 국토

의 중심에 가깝게 위치해야 한다는 기준이 마련되었다. 서울에서 너무 가까우면 서울 세력권에 흡수될 터이고 너무 멀면 지리적 연계성을 상실하는 문제가 있었다. 또한 경상도와 전라도 어디에도 치우치지 않은 채 수도로서의 기능을 제대로 하기 위한 지역의 중심성, 개발 잠재력 등을 고려할 필요가 있었다. 따라서 면적·인구·산업 등 세 가지 중심으로부터 반경 80km를 넘지 않은 지역이라는 기준을 추가하니 결국 충청남·북도 내 여러 후보지들 중 적지를 골라내는 과정만이 남았다. 숙고 끝에 공주군 장기면이 대상지로 결정되고 가용면적 6,400ha(약 1,920만 평)에 해당하는 신행정수도 건설을 위한 백지계획안이 마련되었다. 당시 우리나라가 처한 국방 및 사회경제적 여건으로 보아 시의적절한 결정이라는 판단이 전제한 과정이었다.

1960년대와 70년대 서울의 인구집중을 방지하고자 고안된 정책은 서울이주 허가제에서부터 신행정수도 건설에 이르기까지 각양각색이다. 문제는 그 무엇도 신통치 않았다는 점이다. 반세기 가까이 흐른 지금까지도 그 해답은 여전히 신통치 않다. 총 인구가 줄어드는 미래만이 서울과 수도권의 인구집중을 끝내는 해법일까. 지방 소멸을 눈앞에 둔 비수도권은 과연 그때까지 기다릴 수 있을지 의문이다.

3) 서울의 공간 현대화

1963년 12월부터 1966년 3월까지 서울시장을 지낸 윤치영은 '서울은 차라리 방치하는 게 인구집중을 해소할 해법'이라 말하던 사람이었다. 서울이 사람 살만한 곳이 되지 못해야 인구가 몰리지 않을 것이라는 발상이었다. 인구가 급증하는 만큼 각종 도시문제가 들끓었지만 이렇다 할 대책 없이 방관하다시피 했고, 몇몇의 도시개조사업에 손댔지만 이 또한 당시 대다수 시민들의 기대에 미치지 못하는 수준이었다(손정목, 2003d:179-180). 결국 우여곡절 끝에 윤치영이 시장직에서 물러나고 그 자리를 대신하여 부산시장이었던 김현옥이 부임하였다. 이미 부산시 내에서 '불도저 시장'으로 익히 알려진 그를 서울에 입성시킨 것은 전적으로 박정희 대통령의 선택이었다.

　　김현옥이 재임한 1966년 4월부터 1970년 4월까지 만 4년 동안 서울은 그야말로 엄청난 변화를 겪었다. 세종로와 명동에는 처음으로 지하도가 생겼고 시내 요소요소에 수많은 보도 육교가 건설되었으며 넓이가 8-12m밖에 안 되던 불광동길과 미아리길은 35m 넓이로 확장되었다(손정목, 2003a:252). 이때는 사소한 무엇 하나라도 박정희 대통령의 재가 없이 추진되기란 불가능한 시대였다.[31] 김현옥에 대한 박정희의 유별난 신임이 김현옥의 '돌격 건설'을 뒷받침했다는 말이다. '김 시장의 미친 듯한 일솜씨가 대통령의 의중에 100% 들어맞고 있었다(손정목, 2003b:21)'는 전 서울시 기획관리관이자 도시계획국장 손정목의 회고가 이를 증명한다.

　　박정희 대통령을 대신하여 김현옥 시장은 특유의 즉흥적이고 저돌적인 자세로 서울 시내를 누비며 강변북로, 세운상가, 여의도 윤

---

31 당시 상황에 대한 손정목의 회고는 다음과 같다(손정목, 2003b:21). 박 대통령의 이른바 제3·4공화국 당시는 어느 부처든 간에 미리 대통령의 재가를 받는다는 것은 일이 다 된 거나 마찬가지였다. 대통령의 재가를 받으면 다른 부처에서 그것을 반대할 수가 없었다. 대통령의 재가는 바로 대통령의 지시였고 그에 반대하는 것은 대통령 지시를 거역하는 것이었다.

|그림 22| 박정희와 김현옥

세운상가 준공식에 참가한
박정희 대통령과 김현옥 서울시장(1968)

남산 2호터널 기공식에서 발파버튼을 앞에 두고 서 있는
(좌측부터)차일석 부시장, 박정희 대통령, 김현옥 시장(1969)

중제, 북악스카이웨이, 남산 1·2호 터널, 서울역 고가도로, 시민아파트 등을 건설하고, 오늘의 서울을 있게 한 뼈대인 서울시 도시기본계획을 수립했다. 특히 '도로는 선이다'라는 구호에 걸맞게 그의 재임기간 동안 도로 신설 710㎞, 도로 확장 50㎞, 23개소의 지하도와 144개의 육교, 19개의 고가도로 및 입체교차로 등이 생겨나 수치적으로도 엄청난 업적을 보였다.

　김현옥 시장은 건설을 '실천'했을 뿐 아니라 공공연하게 '선전'하기도 했다(염복규, 2014:17). 취임 100일 기자회견에서 "건설은 서울의 진리요 철학이며 건설을 통해 남북통일의 기틀을 마련하겠다"고 하는가 하면, 다시 취임 1주년 기자회견에서는 "땅을 파고 건설하는 것이 나의 소신이며 철학"이라고 했다(염복규, 2014:17-18). 건설을 통한 서울의 변화에 무한한 중요성을 부여한 그는 실제 4·19나 5·16, 8·15 등의 국가적 기념일에 수십 건의 건설공사 기공식과 준공식을 거행하였다(손정목, 2002:102). 예컨대, 1966년 5월 16일 하루 안에 홍제동-갈현동 간 도로 확장 공사, 돈암동-미아리 간 도로 확장 공사 등 10건에 달하는 도로·터널·배수관 공사 기공식과 16개 가압펌프장, 94개소의 공동수도 기공식을 거행하였고, 그 기공식 중 십여 개소의 주요 기공식에 참석하여 직접 테이프를 끊었다(손정목, 2002:102). 국가적 기념일이 일종의 공기工期 단축의 시점이 되기도 했지만 자신이 추진하는 건설 사업의 위상을 간접적으로 대변하는 데 그만큼 유용한 장치도 없었던 것 같다.

| 그림 23 | 서울도시계획기본계획 수립(1966년)

출처: 서울시 정보소통광장

김현옥 시장이 추진하는 건설 사업마다 구구절절한 사연이 넘쳤다. 그도 그럴 것이 벚꽃축제로 유명한 여의도는 과거 땅콩밭이었고, 세운상가의 부지는 무허가 판자촌이었으며, 서민의 보금자리가 된 시민아파트로 인해 도시 빈민의 주거지는 강제철거 및 이전되었다. 때로는 예술작품이기도 했지만 때로는 전시행정이기도 한 그 어디쯤에서 김현옥의 서울시정이 서있었다. 스스로 멈출 수 없는 그를 멈춰 세운 것은 속도전과 부실공사의 모호한 경계 속에 1970년 4월 붕괴된 와우시민아파트였다. 그러나 김현옥 시장으로부터 시작된 '개발 열풍'만은 그대로 남아 계속되었다.

　　김현옥 이후 양택식-구자춘으로 이어지는 박정희의 분신分身들은 서울을 지속적으로 현대화시켰다. '두더지 시장'으로 알려진 양택식은 지하철 1호선을 개통하며 서울 지하철 시대를 연 장본인이었고, '황야의 무법자'라는 별명을 가진 구자춘은 뒤이어 영등포-왕십리로 계획되어 있던 지하철 노선을 과감히 수정하여 거대 순환선 형

|그림 24| 서울 지하철 1호선 개통(1974년)

박정희 대통령 서울 지하철 기공식 참석(1971)　　　지하철 공사장 시찰(1971)

태의 서울 지하철 2호선을 완성시켰다. 이른바 개발독재가 전성기에 있었던 1966-80년의 15년간에 서울시는 주택지·도로·상하수도·지하철 등의 기본 도시 인프라를 거의 갖추게 되었다. 불도저, 무법자라는 별명에서 추측할 수 있듯이 대담하고 무모한 일들, 오늘날에는 도저히 상상도 할 수 없는 일들이 아주 자연스럽게 진행되었다(손정목, 2003a:17-18).[32]

박정희 대통령에게 서울은 단순한 도시 이상의 공간이었다. 조국근대화와 경제발전을 염원하는 한 나라의 지도자로서 민족 자립의 가능성을 점쳐보고 축적된 국가의 역량을 확인하는 무대였다. 공간적 스케일로서 서울이 얼마나 중요한 곳이었는지 부연하여 설명할 필요는 없을 것 같다. 서울의 변화가 우리나라의 변화 그 자체인 상황은 예나 지금이나 마찬가지이기 때문이다.

김현옥 시장을 통해 서울이 눈부시게 변화하기 시작한 1966년은 박정희 대통령이 추진한 제1차 경제개발 5개년계획이 끝나는 해였다. 그토록 애먹던 보릿고개가 종결되고 다들 어느 정도 먹고 살만해지니 비로소 가능해진 것인지 몰라도 서울의 발전은 눈부시게 전개되었다. 운명 같은 우연이라 해도 좋고, 축적된 경제역량 덕분이라 해도 좋을 서울의 변신은 온 세계가 감탄해 마지않는 성과이자 결실

---

32 그러나 손정목은 김현옥·양택식·구자춘의 업적을 폄하하는 것은 옳지 않다고 회고한다. 보다 자세한 그의 말을 인용해보면 다음과 같다(손정목, 2003a:302). 김현옥·양택식·구자춘, 이렇게 3대 12년 9개월간의 서울시정을 평하여 후세의 사람들이 "그 세 사람이 아니더라도 그만한 일을 했을 것이다"라고 생각하면 그것은 큰 오산이다. 김현옥 바로 앞의 윤치영 시정, 구자춘 바로 뒤의 정상천 시정, 시민의 직접선거로 선출된 조순 시정 등이 앞의 12년 9개월간에 있었더라면 서울은 과연 어떻게 되었을 것인가를 생각하면 아찔한 느낌을 갖게 된다.

이었다. 개발독재와 한강변의 기적, 그 어떤 수식어로도 부족한 서울의 전성시대였다. 오늘의 서울을 만드는 데 결정적인 역할을 한 사람은 박정희와 김현옥이었다. 마치 오늘의 파리를 만드는 데 결정적인 역할을 한 사람이 나폴레옹 3세와 오스만 시장이었듯이 말이다.

4) 나오며

김현옥이 서울시장으로 부임한 1966년 4월 서울시 인구수는 360만 명에 국민 1인당 소득수준은 115달러 정도였다. 그러나 후임인 양택식을 거쳐 구자춘이 시장직에서 물러난 1978년 12월 서울시 인구는 782만 명에 국민 1인당 소득수준은 1,330달러로 크게 증가하였다(손정목, 2003a:302). 김현옥·양택식·구자춘 이들 세 시장이 재임한 12년 9개월간 서울시 인구는 422만 명이나 증가하고 국민 1인당 소득수준은 12배 가까이 늘어나 서울 중심의 위력을 재확인하는 시기였다.

고도의 경제성장기, 서울만이 공간적 특혜 대상인 것은 아니었지만 서울만큼의 수혜지는 없다는 데 이론異論의 여지가 없다. 지역이 골고루 성장할 수 있는 기회가 제공되지 않았다는 점에서 충분히 비판을 받을 수 있겠으나 '경제 우위, 성장 우선'으로 점철된 시대에 이 또한 사회적 합의가 아니었을는지 싶다. 물론 그것이 노정한 문제는 여러 갈래다. 경제발전 초기, 아직은 협소한 경제성장의 그늘 아래 걷잡을 수 없는 인구의 서울 집중은 결국 심각한 문제가 되어 정책의 도마 위에 올랐고 반세기 훌쩍 지나 경제성장이 날로 발전한 지금까지도 여전히 내려올 줄 모른다.

　박정희에게 서울은 큰 의미가 있는 도시다. 헬리콥터를 타고 서울 상공을 돌다가 시장실에 무선전화를 걸어 정릉 뒷산에 지어지고 있는 무허가 건물의 철거 지시를 내린 것도 그였고, 자신이 잘 다니는 간선도로변에 건축 중인 건물의 높낮이에도 관심을 가진 그였다(손정목, 2003a:15). 열정과 기대가 가득한 그의 서울이 지금 우리에게는 과연 어떤 공간인지 반문해보지 않을 수 없다. 익숙하고도 낯선 이 도시의 기억 속에서 박정희를 지우는 것이 과연 가능한 일인지도 의문이다. 일단 편견 없이 도시가 기억하거나, 기억하고 싶어 하는, 기억해야 하는 과거부터 정리하는 작업이 선결되어야 할 것 같다. 공과功過를 제대로 평가하는 일의 순서가 그렇다는 말이다.

보론

보론 1

박정희 시대
주택정책의 평가[33]

1. 왜 아파트인가?

2015년 기준 대한민국의 주택보급률은 102.3%를 기록하고 있다. 인구 1,000명 당 주택 수는 383.0호에 이른다. 우리나라의 주택보급률이 처음 100%를 넘어선 것은 종전 주택보급률을 기준하여 지난 2003년의 일이었는데, 그 비율은 조금씩 계속 더 높아지고 있다(표 18 참조).[34] 전반적으로 주택 사정이 나아지고 있다는 의미인데, 물론 자가自家 보유율의 경우를 따지면 사정이 조금 다르기는 하다. 우리나라의 자가주택보유율은 현재 58% 정도이며, 특히 서울과 같은 대도시

---

33 이 장은 이영훈 외, 《박정희 새로 보기: 오늘에 되살릴 7가지 성공모델》(기파랑, 2017)에 "대한민국 주택의 얼굴을 바꾸다: 박정희 시대와 '아파트 공화국의 재인식'"이라는 제목 하에 수록된 것을 이 책에 맞게 다듬으며 도표 등을 보충한 것이다.

34 신주택보급률을 기준하여 처음으로 100%를 상회한 시점은 2008년이다.

| 표 18 | 주택보급률(1990-2015)

단위: 천가구, 천호, %

구분	1990	1995	2000	2005	2010	2015
가구수	10,167	11,133	11,928	15,887	17,339	19,111
주택수	7,357	9,570	11,472	15,623	17,672	19,559
주택보급률	72.4	86.0	96.2	98.3	101.9	102.3
인구천명당 주택수	165.0	214.5	248.7	330.4	363.8	383.0

출처: 통계청, 인구주택총조사 각 연도 및 국토교통부 국토교통통계연보 각 연도
주석: 1) 2005년 이전 자료는 신주택보급률 산정 이전 자료로, 가구수는 보통가구(혈연가구) 기준이고, 주택수는 다가구주택
을 동수 기준으로 집계한 자료임
    2) 2005년 자료부터는 기존 주택보급률을 보완하고자 만든 신주택보급률 산정 기준이 적용되었으며 가구수는 보통가
구, 1인가구, 5인이하 비혈연가구를 포함한 일반가구 기준이고 주택수는 다가구주택을 호수 기준으로 집계한 자료임
    3) 주택보급률 =(주택수 ÷ 가구수) ×100

나 청년세대에 있어서 주거문제는 적잖이 심각한 측면이 있다. 하지
만 주택을 개인이 소유하는 방식이 유일한, 혹은 최상의 주거생활은
아닐 수도 있을 뿐 아니라, 60% 내외의 주택보유율이 다른 선진국들
에 비해 치명적으로 낮은 것도 아니다. 남의 집이든 내 집이든, 크든
작든, 좋든 나쁘든, 일단 국민 대부분이 지금 당장 '집 같은 집'에 머
물 수 있다는 점 자체는 역사적으로 높이 평가되어야 한다.

물론 주택보급률이 100%를 상회上廻하는 일이 박정희 시대에
벌어지지는 않았다. 주택보급률 자체는 박정희 시대에 오히려 낮
아졌다. 예컨대 1961년도 우리나라의 주택보급률은 82.5%였는데,
1970년에는 79.5%로, 그리고 1975년에는 75.2%까지 감소했다. 그렇
다면 이는 박정희 시대에 한국의 주택난은 악화되고 심화되었다는
말인가? 그렇지 않다. 우선 박정희 시대에 주택보급률이 낮아진 것
은 급속한 산업화 과정의 예정된 진로였다. 어느 나라든 급속한 도시
화를 동반하는 산업화 초기에는 주택난이 필연적으로 발생하는 법이

다. 또한 주택보급률 자체가 주거생활의 수준을 말해주는 것은 아니다. 1960년대 초에 오히려 더 높았던 주택보급률에는 형편없이 쓰러져가는 초가집도 포함되어 있다. 곧, 주택보급률과 주거근대화는 직접적인 상관이 없다.

박정희 시대는 한편으로 산업화 혁명이 보편적으로 야기하는 주택난을 해결하면서 다른 한편으로는 우리나라 주거생활의 근대화를 이룩할 수 있는 일석이조一石二鳥의 주택정책을 개발하고 실행했다. 박정희식 주택정책의 핵심 수단은 다름 아닌 아파트였다. 우리나라의 주택보급률이 오늘날처럼 높아진 것은 거의 전적으로 아파트 효과다. 정부의 '인구주택총조사'에 아파트라는 항목이 처음 포함된 것은 1975년이었다. 당시 우리나라 전체 주택 가운데 아파트의 비율은 불과 1.9%로서 양적으로 매우 미미했다. 하지만 중요한 점은 박정희 시대에 아파트 시대가 확실히 개막되었고, 그것은 우리나라 주택사住宅史에서 역전 불가능한 대세로 자리 잡았다는 사실이다. 2015년 현재 우리나라에서 아파트의 비율은 59.9%에 이르고 있다. 게다가 아파트에 대한 한국인의 주거만족도는 매우 높은 편이다. 2014년 국토교통부가 4점 척도로 측정한 주택유형별 주택 만족도 조사에 의하면 3.04점을 얻은 아파트가 단독주택이나 연립주택, 다세대주택을 제치고 가장 높았다.

오늘날 대한민국은 아파트의 나라다. 아파트는 지역, 계층, 성별, 연령을 불문하고 국민 모두가 좋아하는 국가대표 주거유형이 되어 있다. 박정희는 아파트를 통해 주택문제를 해결하기 시작했을 뿐 아니라 주거수준의 향상에도 크게 기여했다. 그럼에도 우리 사회는 이런 역사적 사실을 제대로 인식하지 못하는 경향이 있다. 한 걸음 더 나아가 반反 박정희 담론의 수단으로 '아파트 때리기'를 구사하는 경우마저 없지 않다. 말하자면 오늘날 대한민국이 구가하고 있는 아파트 시대야말로 박정희 정권의 독재정치와 개발주의, 그리고 독점 재벌과의 정경유착을 웅변하는 대표적 표상이라는 식이다. 또한 이는 대한민국의 성공적인 근대화 역정歷程 전반에 대한 부정과 폄하로 이어지고 있다.

이런 맥락에서 언제부턴가 '아파트 공화국'이라는 말이 우리 주변에서 자연스럽게 들리고 있다. 원래 이는 프랑스의 좌파 지리학자 발레리 줄레조Valérie Gelézeau가 쓰기 시작한 말이다. 《아파트 공화국》이라는 책에서 그녀는 이렇게 말했다.

집합주택과 고층 주거양식을 선호한 한국 결정권자들의 체계적인 선택은 [···] 19세기에서 20세기로의 전환기에 서구에서 탄생한 이론들을 한국적인 역사·문화적 상황에 동화·수용했음을 드러낸다. [···] 주택의 대규모 건설을 위한 도시의 급성장이라는 맥락 안에서 사용된 이 규범적인 원리는 권위적인 정부에 이익을 가져다주기에 적합했기 때문에 서울에서 적용됐다. 결국 개인주택보다는 아파트가 포드주의적 양산체제에 순응했고, 이를 기반으로 1960년대부터 1980년대 말까지 한국의 성장이 이루어졌다. 게다가 대규모 집합주택을 선택한 것은 대규모의 인구 통제가 용이했기 때문이었다.

이와 같은 주장은 건축이나 도시계획 분야의 일부 지식인이나 그 아류들에게 바이블처럼 받아들여지는 경향이 있다. 생각해 보면 줄레조가 한국의 아파트에 대해 책을 내기 전까지 한국의 아파트는 한 번도 제대로 된 인문사회학적 분석의 대상이 되지 않았다. 그러다가 줄레조의 책을 계기로 하여 국가주의와 억압, 감시, 획일화 등 부정적 이미지로 가득한 '아파트 공화국'이라는 용어가 시나브로 무분별하게 일상화되고 있다. 우리의 문제를 주체적 시각으로 보지 않는 지적 사대주의의 일환으로 비난받을 일이 아닐 수 없다.

2. 우리나라 주택문제의 역사적 맥락

주택난이나 주택문제는 역사적으로 상존해왔던 것이 아니다. 전쟁이나 재난, 급속한 인구변동 등 특수한 상황이 아니면 주택은 대부분의 경우 자조自助 내지 자급자족의 대상이었다. 역사적으로 볼 때 주택에 연관하여 사회문제가 태동하고, 그것의 해결에 관련하여 주택정책이 제시된 것은 산업화와 도시화로 대변되는 근대사회로의 이행 과정에서였다. 우리나라에서도 마찬가지였다. 전통사회에서 식량 문제는 흔했지만, 주택문제는 드물었다.

우리나라에서 주택난이 처음 등장한 것은 일제시대인 1930년대였다. 그것은 일제 하에서 진행된 산업화 및 도시화의 부산물이었다. 1920년에 회사령이 철폐되면서 시작된 공업화는 농촌 인구의 도시 유입을 재촉하였고, 특히 1927년 중일中日전쟁의 발발과 함께 한반도가 군수공업기지의 역할을 하게 되면서 도시근로자의 수가 빠르게 증가하였다. 그 결과, 1925년에 5.5%였던 주택부족률이 1944년이 되면 40.3%로 늘어났다.

일제시대에는 주택 물량도 전반적으로 부족해졌지만, 주거의 질적 수준 또한 열악하기 짝이 없었다. 당시 경성과 같은 대도시에서는 집 없는 빈민들의 토막집이 즐비하였다. 이른바 도시형 개량한옥이나 문화주택은 일반 서민의 입장에서 볼 때 사실상 '그림의 떡'이었다.

해방과 전쟁을 경험한 1940-50년대 우리나라에서는 주택난이 가중되었다. 이는 주로 그 시대가 특이하게 경험한 인구변동 탓이었다. 우선 해방과 더불어 일본이나 만주 등지에 거주하던 많은 동포들이 전재민戰災民이라는 이름으로 귀국하였다. 남북분단에 따라 38도선 이북으로부터도 수많은 인구가 남하했다. 이들 전재민과 월남민越南民은 숫자가 200만-250만 명에 이르러 주택 부족난을 크게 심화시켰다. 더욱이 6·25전쟁 기간 동안 약 60만 채의 민가民家가 파괴되었다. 게다가 전쟁 직후 출산력의 증가는 주택 수요를 폭발적으로 늘렸고 전후 출산력 급증은 인구의 사회적 이동, 곧 도시화와도 겹쳤다. 비록 '산업화 없는 도시화'였지만 이로 인해 1950년대에는 서울 등지의 도시주택난이 가일층 악화되었다.

그럼에도 박정희 정부가 들어설 때까지 우리나라에서는 주택문제에 있어 정책다운 정책이 없었다고 해도 과언이 아니다. 당장 발등에 떨어진 불은 주택문제보다 식량문제와 실업문제였으며, 주택문제 자체도 전국적인 이슈라기보다 주로 서울과 같은 대도시의 당면 현안이었기 때문이다. 무엇보다 아직 '산업화에 의한 도시화'가 본격화되기 이전이라 주택문제가 사회구조적 차원에서 심각해진 상황은 아니었다. 1950년대 이승만 정부의 주택정책은 따라서 대증적^{對症的}이거나 임시방편적인 것이 주종을 이루었다.

1951-1956년 사이, 전시 대응 및 전후 복구 과정에서 정부 재정에 의한 직접 주택공급이 시도된 적이 있다. 대한민국 역사상 국가가 일반 국민을 대상으로 주택을 무상으로 제공한 것은 이때가 처음이었는데, 이와 같은 '사회주택' 개념이 다시 등장한 것은 1989년 노태우 정권의 영구임대주택단지 사업에서였다. 이와 더불어 1950년대는 민간에 의한 상업적 주택공급 체제가 우리나라에서 선을 보이기도 했다. 전후 1950년대 한국경제는 미국의 경제원조에 거의 전적으로 의존하였는데, 이 과정에서 ICAInternational Cooperation Administration 주택사업이 태동하였다. 이는 정부 재원에 의한 직접적 주택공급 방식이 아닌 융자지원 방식을 통한 주택공급 체제로서, 미국의 시장형 주택공급 체제의 영향을 강하게 받은 것이다.

이 무렵, 주택의 형태에 대해서도 새로운 발상이 나타났다. 전통적 한옥 대신 서구식 아파트에 주목하기 시작한 것이다. 주거생활의 근대화와 더불어 주택의 대량생산이라는 관점에서도 아파트의 장점에 눈길이 갔다. 우리나라의 좁은 국토를 감안하여 당시 이승만 대통령은 "국민이 싫어하더라도 아파트를 많이 지어야 한다"라는 생각을 가졌다. 이에 1950년대 후반 서울시내 몇 곳에서 우리나라 최초의 일반인 대상 아파트가 등장하였는데(그림 25 참조), 이는 일제시대에 처음 모습을 드러낸 근로자 숙소나 학생 기숙사 형태의 집합주택과는 구분되는 것이었다. 하지만 당시만 해도 기술이나 인력, 제도 등 주택산업 기반이 전반적으로 취약했을 뿐 아니라 서구식 아파트에 대한 정서적 거부감도 강하게 남아 있었다. 특히 융자 및 상환이라는 주택 구매 방식은 저소득층에게 원천적으로 불리했으며, 그나마 미국의 대한對韓 경제원조도 점차 막을 내리고 있었다.

요컨대 박정희의 집권 이전 우리나라의 주거상황은 식민지 경험과 남북분단, 전쟁 등을 배경으로 하여 양적으로나 질적으로 공히

| 그림 25 | 종암아파트 전경(1958년)

낙후되어 있었다. 1960년 12월 기준 주택부족률은 전국적으로 20.9%였고, 도시의 경우에는 그 수치가 37.9%에 이르렀다. 불량주택, 노후주택, 판잣집, 천막집 등이 많아 위생이나 방범, 프라이버시 등의 측면에서 주거수준이 매우 뒤떨어져 있었고 특히 도시가구의 46.1%가 단칸방에 살 정도로 과밀거주가 일반화되어 있었다. 아파트라고 하는 공동주택이 미래의 주거로 소개되기는 했지만, 주택정책이나 주택산업이 이를 효율적으로 뒷받침하지 못했다.

　박정희 대통령이 추진한 '조국근대화' 프로젝트는 주거문제의 개선이 아닌 악화惡化를 예고하였다. 워낙 주택문제라는 것이 급속한 산업화와 도시화가 야기하는 사회구조적 산물이기 때문이다. 서구의 주택문제 역시 산업혁명을 배경으로 하여 본격적으로 대두하였고, 자본주의에 대한 비판과 사회주의 이념의 확산도 발원지는 대도시의 주택문제였다. 산업화 초기 유럽에서는 노동자계급의 체제변혁 열기가 뜨거웠는데, 이를 꺾은 요인 가운데 하나는 적극적이고도 선제적인 주택정책이었다. 그리고 그 방식은 다름 아닌 아파트의 대량생산 및 대량공급이었다. 미증유의 주택난에 직면한 상황에서 프랑스의 건축가 르 꼬르뷔지에Le Corbusier는 "(아파트) 건축을 통해 (사회주의) 혁명을 막을 수 있다"라고 주장했다. 그리고 그의 예측은 궁극적으로 맞아떨어졌다.

　박정희는 국가 주도의 급속한 자본주의 발전을 추진하면서 주택문제의 본격적인 태동을 예상하였고, 이에 대처하려는 정책적 노력을 선제적으로 구사했다. 박정희는 한국 역사상 전 국민을 대상으로 하는 주택정책을 체계적으로 계획하고 실천한 최초의 국가 지도

자였다. 도시에서는 주택건설사업이, 농촌에서는 주택개량사업이 대대적으로 전개되었기 때문이다. 비록 몇 차례 위기의 순간은 있었지만 대한민국은 고도 경제개발 과정에서 국가적 차원에서의 심각한 주택문제는 경험하지 않았다. 오히려 박정희 정권 및 박정희 체제의 안정은 성공적인 주택정책에 힘입은 바가 크다. 그동안 우리나라의 주택문제 및 주택정책에 관련하여 박정희는 제대로 평가되지 못한 측면이 많다.

3. 박정희 정부의 경제개발과 주택정책

자본주의 체제라고 해도 주택문제를 완전히 시장경제에 방임하는 경우는 없다. 왜냐하면 주택문제는 노동력 재생산은 물론 궁극적으로 정치·사회체제의 안정 및 지속가능성에 관련된 이슈이기 때문이다. 주택정책의 핵심을 '주택공급'의 차원에서 인식하는 것도 이런 맥락에서다.

자본주의 사회의 주택공급 시스템은 크게 세 가지 종류이다. 첫째는 유럽식 복지주택 체제이다. 이는 사회민주주의 이념이 반영된 것으로 이때 정부가 직접 주택을 건설하여 공급하는 경우도 있고 비영리 민간부문이 국가를 대신하는 경우도 있다. 둘째는 미국식 민간주도 주택공급 체제이다. 이는 자유주의 이데올로기에 보다 충실한 것으로 주택의 공공성 대신 상품성이 부각된다. 그럼에도 국가는 다양한 금융지원을 통해 주택문제 해결에 일정 부분 개입한다. 셋째는 싱가포르식 국가 주도 시스템이다. 이는 토지 및 주택 공⌂개념에 입각하여 국가가 공공주택을 거의 독점적으로 공급하는 방식이다.

　박정희는 산업화 및 도시화가 머지않아 주택문제를 초래하게 될 것이라는 점을 익히 알고 있었다. 이에 그는 '한국적' 주택공급 시스템을 구상했는데, 이는 위의 세 가지 모델과 다른 것이었다. 처음부터 박정희는 주택정책을 경제개발정책과 유기적으로 결합시키고자 했다. 말하자면 주택정책을 경제계획의 본질적 일부로 인식한 것이다. 주택공급 시스템에 있어서 한국은 주택 건설의 측면에서는 민간부문에 의존하면서도 강력한 행정력으로 주택시장을 통제한 독특한 사례이다. 주택공급을 민간부문에 의존하지 않을 수 없었던 것은 당시 정부의 재정능력이 취약했기 때문이고, 주택시장을 행정적으로 통제한 것은 시장 실패를 감안하여 국가가 주택 건설 및 주택 배분에 직접 나섰기 때문이다.

　경제개발에 착수하면서 박정희는 주택정책의 제도적 기반 정비에 나섰다. 첫째, 주택정책을 사회복지 차원에서 건설산업 차원으로 이동시켰다. 그 이전까지 주택정책은 일차적으로 보건사회부 소관이었다. 하지만 5·16군사혁명 이후 경제기획원이 신설되었는데, 그 산하에 들어선 국토건설청이 주택정책의 일부를 담당하게 된 것이다. 그러다가 1963년에 국토건설청이 건설부로 승격되면서 주택에 관한 모든 업무를 총괄하게 되었다. 둘째, 대도시 주택난이 심화되던 1941년 조선총독부는 주택공급을 직접 관장하기 위한 목적으로 조선주택영단을 설립했는데, 정부 수립 이후 대한주택영단으로 이름이 바뀐 이 조직을 박정희 정부는 1962년에 대한주택공사(주공)로 개편하였다. 주공은 주택의 건설과 공급, 관리를 위해 정부가 직·간접적으로 투자한 공기업이었다.

이와 더불어 1963년 말에는 「공영주택법」과 「주택자금운용법」이 제정되었는데, 전자의 목적은 시장원리에 구애받지 않고 국가나 공공부문이 주택이 곤궁한 자에게 주택을 분양하거나 임대하는 것, 후자의 목적은 주택 건설 및 개량 등에 관련된 자금 회전을 보다 용이하게 만드는 것이었다. 이어서 1967년에는 서민주택 건설 및 구입에 필요한 자금의 조성과 공급을 원활하게 하기 위한 「한국주택금고법」이 제정되었는데, 이때 탄생한 한국주택금고는 1969년 한국주택은행의 발족으로 이어졌다.

그 밖에 1934년 일제가 만든 조선시가지계획령이 마침내 해체되어, 1960년대는 건축법(1962년), 도시계획법(1962년), 토지구획정리사업법(1966년) 등이 각각 독립적으로 제정되었는데, 이 또한 택지 개발 및 주택 건설에 관련된 제도적 기반을 정비했다는 점에 큰 의미가 있다.

4. 1960-70년대 아파트 공급체계의 현황

박정희 시대의 주택정책은 1972년 10월유신을 기준으로 하여 1960년대와 1970년대로 양분해 설명할 수 있다. 1960년대는 제1

차 경제개발 5개년계획(1962-1966)과 제2차 경제개발 5개년계획(1967-1971)이 시행되었는데, 사회간접자본의 개발 및 정비와 경공업제품의 수출에 역점을 두면서 대통령직선제를 포함한 민주주의가 제도적으로 정상 작동 중인 시기였다. 1970년대는 제3차 경제개발 5개년계획(1972-1976)과 제4차 경제개발 5개년계획(1977-1981)의 시행 시기로서, 정치적으로는 강력한 권위주의 통치 형태의 유신체제가 지배했으며 경제발전 전략으로서는 대기업을 중심으로 중화학공업화가 추진되었다.

1) 1960년대

1961년부터 1971년 사이의 주택 투자 현황을 보면 공공부문은 전체의 13%에 불과했다. 총주택건설량 가운데 공공주택은 극히 작은 부분을 차지한 것이다. 공공부문의 주택 투자가 부진했던 것은 도로, 항만, 전력 등 사회간접자본을 확충하거나 댐 건설과 경지 정리 등 농업개발 기반을 구축하는 국가사업에 우선순위가 밀렸기 때문이다. 민간부문 주도의 주택공급 시스템을 구축하려는 정부의 목표 또한 기대를 밑돌았다. 민간부문의 주택 생산은 전반적으로 여전히 소상품 생산체제를 벗어나지 못하고 있었기 때문이다. 그 결과, 제1차 경제개발 5개년계획 기간 동안 주택 건설은 자연적 인구 증가에 따른 수요에도 미치지 못했다. 1960년대 말에 이르러 민간부문이 다소 활력을 띠기 시작했다. 이는 개발사업의 활성화, 중산층의 등장, 베트남전쟁 특수에 따른 외환 유입 등을 배경으로 부동산 투자가 증가했기 때문이다.

1960년대 초반 공공부문의 주택 건설은 전반적인 양적 부진에도 불구하고 주택 형태의 측면에서 아파트에 집중하기 시작했다는 점에 주목할 필요가 있다. 대표적으로 대한주택공사는 1962년부터 1964년까지 마포아파트를 건설했다. 이는 르 코르뷔지에 모델에 입각한 국내 최초의 대단위 단지아파트로서 우리나라 주택사의 미래를 예고했다. 마포아파트 준공식에 참석한 박정희 당시 국가재건최고회의 의장은 축사에서 마포아파트의 준공을 "생활혁명 내지 한국혁명의 상징"으로 규정했다. 아파트에 대한 일반 국민들의 정서적 거부감은 하루아침에 불식되지 않고 있었지만, 정부는 아파트를 주거문화의 근대화로 확고히 인식하면서 대對국민 계몽을 게을리 하지 않았다.

한편, 박정희가 예상한 바와 같이 1960년대 중반에 이르러 도시의 주택문제는 점점 더 심각해지고 있었다. 제1차 경제개발 5개년 계획의 성공이 주로 '한강의 기적'에 따른 것이었고 이는 서울로의 인구집중을 가속화했기 때문이다. 1960년에 245만 명이었던 서울 인구는 불과 5년 만에 347만 명으로 늘어났다(이호철의 소설 《서울은 만원이다》가 동아일보에 연재된 것은 1966년이었다). 그 결과, 해방과 분단 및 전쟁의 유산이던 서울시내 무허가 판자촌은 수적으로 급속히 증대하였다. 무허가 판자촌은 도시빈민의 온상이기도 했지만 도시 미관의 측면에서도 골칫덩어리가 아닐 수 없었다. 당시만 해도 남북한이 체제 우위를 놓고 선전전을 벌이던 시점이었기 때문이다. 더욱이 서울의 인구집중 자

| 그림 26 | 서울 마포아파트 전경(1963년)

출처: 국가기록원

체가 안보 차원에서 불안요소이기도 했다.

이 시점에서 박정희는 서울의 주택문제에 관련하여 특단의 대책을 강구했다. 미상불 1967년 대통령 선거 또한 목전으로 다가오는 상황에서 도시문제를 방관한다는 것은 정치적으로도 불안했다. 당시만 해도 우리나라 사람들의 일반적인 투표 성향은 여촌야도與村野都였기 때문이다. 이를 해결하기 위해 1966년에 발탁한 인물이 김현옥 서울특별시장이었다. 김현옥은 세 가지 차원에서 이 문제에 접근했다. 첫째는 서울의 면적을 넓히는 것이었는데, 이를 위해 강북 사대문 안면적의 두 배가 넘는 강남의 땅을 개발 가능한 공간으로 확보하기 시작했다. 둘째는 서울시내 판자촌 거주민들을 외곽에 집단 이주시키는 일이었는데, 1968년에 착수된 '광주대단지조성사업'이 바로 그것이다. 셋째는 1969년에 발표된 '시민아파트 건립 사업 기본계획'에 입각하여 판자촌이 즐비하던 도심지 주변의 불량지구에 시민아파트를 대량 건설하는 것이었다.

'불도저 시장'의 도시정책 내지 주택정책에는 희비喜悲가 교차했다. 판자촌 철거민 소개疏開 계획은 사전 준비 미숙에 따라 1971년 '광주대단지사건'이라는 유혈적 도시봉기 사태와 함께 실패했다. 속전속결 날림공사가 판을 친 시민아파트 건설도 1970년 이른바 '와우아파트 붕괴사고'와 더불어 좌절했다. 그 결과, 김현옥 시장은 4년 만에 자리에서 물러났고 박정희 대통령은 1971년 대통령 선거에서 김대중 후보에게 신승辛勝했다. 다만 강남 개발은 서울의 인구 분산이나 공간 생산이라는 측면에서 일대 성공이었고, 특히 아파트 시대의 본격적 개막을 가능케 만드는 '약속의 땅'으로 떠올랐다.

전반적으로 1960년대는 산업화 및 도시화에 부응하는 새로운 주택정책의 일환으로 각종 제도적, 법률적 기반이 갖추어지기 시작했으나 주택문제의 획기적 개선은 가시적으로 나타나지 않았다. 재정적 압박에 따라 공공주택의 공급은 상징적인 수준에 그쳤고, 민간부문의 주택공급도 급증하는 주택 수요를 미처 따라가지 못했다. 주택공급을 민간부문에 의존하면서도 강력한 행정력으로 주택시장을 관리하고자 했던 박정희의 이른바 '한국적' 주택 시스템이 현실에서 작동하기에 1960년대는 전반적으로 시기상조였다. 하지만 돌이켜

볼 때 1960년대는 1970년대 이후 아파트 위주의 '한국적' 주택공급 시스템이 본격적으로 운용될 수 있는 유·무형有無形의 토대를 마련한 기간이었다.

2) 1970년대

1970년을 전후하여 박정희 정권은 다양한 대내외적 도전에 직면하고 있었다. 1960년대 초·중반과 비교하여 후반에 갈수록 경제성장률은 조금씩 낮아지고 있었고, 남북한 관계도 전쟁 이후 최고 긴장 상태에 돌입했을 뿐 아니라, 동서 데탕트 무드에 따라 한반도의 지정학적 환경 역시 불안정해졌다. 한국경제는 또한 중화학공업화를 목표로 제2의 도약을 준비하는 참이었다. 이 무렵에는 이른바 '3선 개헌'을 계기로 박정희의 장기집권에 대한 정치적 비판이 증대되는 가운데 밑으로부터의 저항이 구체적으로 표출되기도 했다. 1970년 전태일 분신사건은 노동운동의 신호탄이었고, 1971년 광주대단지사건은 도시빈민운동의 예고편이었다. 1972년 유신체제의 태동은 이런 맥락에서 이해할 필요가 있다.

유신체제의 등장은 주택정책에 대해서도 적잖은 영향을 미쳤다. 유신체제의 탄생이 초헌법적 절차에 의한 것이라 위정자의 입장에서는 주택문제의 해결에 보다 적극적인 관심을 갖지 않을 수 없었다. 1960년에 20.8%였던 주택부족률은 1970년에 24.2%로 높아졌으며, 대도시 지역의 주택부족률은 같은 기간 동안 34%에서 46.3%로 크게 악화되었다. 주택의 점유형태에서도 도시지역의 경우 절반 이상이 셋집에 살고 있었다. 전국적으로 무허가 불량주택이 10%에 가까웠고 상수도 및 전기가 보급되는 주택도 50% 전후에 불과했던 것이 유신체제 전야前夜 우리나라의 주택 사정이었다. 유신체제 선포 직후 정부가 '250만 호 주택건설 10개년계획'을 서둘러 발표한 것만 보더라도 정부가 주택문제를 얼마나 심각하게 인식했는지를 잘 알 수 있다.

중화학공업화를 강력히 추진하는 과정에서 박정희 정부는 주택공급의 민간부문 의존도를 보다 더 높이고자 했다. 대신 유신체제를 통해 민간부문의 주택공급 체제에 더욱더 강력한 통제력을 확보할 수 있었다. 한편, 민간 주택시장에 대한 정부의 개입이 증가한다는 것은 주택문제에 대한 정부의 책임 또한 증대할 수밖에 없다는 것을 의미했다. 겉으로는 민간이 주도하는 주택공급 체계였지만, 내용적으로는 관치官治 주택시장이었다. 그리고 이와 같은 주택복지에 대한 능동적이고도 선제적 접근을 통해 유신체제의 정당성을 고양하고자 한 측면을 부정할 수 없다.

'250만 호 주택건설 10개년계획' 발표와 더불어 1972년 12월에「주택건설촉진법」이 제정되었다. 이전의「주택공영법」이 대한주택공사나 지방자치단체가 건설하는 공영주택에만 적용되었다면, 주택건설촉진법은 일반 사업자들이 건설하는 주택에 대해서도 정부의 통제를 가능하게 만들었다. 민간부문에 의한 주택건설 및 공급을 촉진하기 위해 1973년에는「특정지구개발촉진법」을 제정하여 주택 건설과 토지 거래에 관련된 각종 세제 혜택을 제공했을 뿐 아니라 1977년에는 주택 전문 민간건설업체를 육성하기 위한 주택개발업체 등록 제도를 시행하여 세제나 금융의 측면에서 인센티브를 제공하였다. 이로써 1970년대 초에는 주택공급에 관하여 정부와 대기업 사이에 비공식적이면서도 지속적인 상호연대가 형성되었다.

이와 같은 한국형 주택공급 체제는 거의 전적으로 아파트 건설을 지향했다. 1970년대에는 아파트 시대의 도래를 위한 몇 가지 추가적인 여건도 보다 확실히 구비되었다. 첫째, 고도 경제성장의 결과 아파트를 실제로 구매할 수 있는 신중산층이 성장하고 있었다. 또한 이들은 아파트 주거문화의 기능적 편리성을 잘 이해하고 있었다. 둘째, 아파트에 대한 초기의 부정적인 이미지가 점차 불식되고 있었다. 서민층을 대상으로 하는 불량 시민아파트의 오명은 1970년 여의도 시범아파트단지, 한강맨션 등의 건설을 통해 차츰 고급주택의 이미지로 대체되었다. 셋째, 1960년대 경제개발 과정에서 성장한 건설산업은 주택생산에 필요한 자재 조달 능력 및 기술 수준을 함께 높여 놓았다. 이와 더불어 대기업의 성장 과정에서 주택의 대량공급을 감당할 수 있는 대형 건설사들이 경쟁적으로 늘어났다. 끝으로 대단위 아파트 단지 건설을 위한 공간이 강남 일대를 중심으로 대거 확보되었다. 1976년에는 한강변 저습지를 따라 11개의 아파트지구가 지정되었다. 마침 그 무렵 방재나 토목의 차원에서도 한강 유역의 만성적인 홍수 걱정이 사라졌을 뿐 아니라 대형 아파트 단지가 입지할 정도로 지반이 단단해졌다. 1960년대 말과 1970년대 초, 북한강 상류 곳곳에 다목적 댐이 건설되었기 때문이다.

| 그림 27 | 여의도 시범아파트 전경(1977년)

우리나라 전국의 유형별 주택 수 현황을 보면 1970년에는 아파트(당시에는 공식적으로 '공동주택'으로 명명)가 0.8%에 불과했던 반면 단독주택(당시에는 '독립주택'으로 명명)이 94.1%를 차지했다. 그러나 1974년에는 연간 아파트 건설물량이 최초로 1만 호를 넘어섰으며 특히 서울 잠실아파트단지가 건설된 첫 해인 1975년에는 한 해에 4만 2천 여 호가 건설되면서 그 해 총 주택 건설물량의 23.4%를 차지하기도 했다. 이와 같은 아파트의 대량 건설에 따라 1975년에는 전국의 주택 가운데 아파트의 비율이 1.9%로 늘어났는데, 이는 불과 5년 만에 아파트가 3배 가까이 증가했다는 것을 의미한다. 1980년이 되면 아파트 비율은 7.0%로 뛰어올랐고, 그 이후 계속 증가하여 1990년에는 22.7%, 2000년에

| 표 19 | 전국 유형별 주택 수 현황(1970-2015)

단위: 호, %

구분	주택수	단독주택	아파트	연립주택	다세대주택	기타
1970	4,414,752 (100.0)	4,180,370 (94.7)	33,372 (0.8)	146,220 (3.3)	-	54,790 (1.2)
1975	4,734,169 (100.0)	4,381,772 (92.6)	89,248 (1.9)	164,718 (3.5)	-	98,431 (2.1)
1980	5,318,880 (100.0)	4,652,127 (87.5)	373,710 (7.0)	161,795 (3.0)	-	131,248 (2.5)
1985	6,104,210 (100.0)	4,719,464 (77.3)	821,606 (13.5)	349,985 (5.7)	-	213,155 (3.5)
1990	7,160,386 (100.0)	4,726,933 (66.0)	1,628,117 (22.7)	487,506 (6.8)	115,349 (1.6)	202,481 (2.8)
1995	9,204,929 (100.0)	4,337,105 (47.1)	3,454,508 (37.5)	734,172 (8.0)	336,356 (3.7)	342,788 (3.7)
2000	10,959,342 (100.0)	4,069,463 (37.1)	5,231,319 (47.7)	812,872 (7.4)	453,117 (4.1)	392,571 (3.6)
2005	12,494,827 (100.0)	3,984,954 (31.9)	6,626,957 (53.0)	520,312 (4.2)	1,164,251 (9.3)	198,353 (1.6)
2010	13,883,571 (100.0)	3,797,112 (27.3)	8,185,063 (59.0)	503,630 (3.6)	1,246,486 (9.0)	151,280 (1.1)
2015	16,367,006 (100.0)	3,973,961 (24.3)	9,806,062 (59.9)	485,349 (3.0)	1,898,090 (11.6)	203,544 (1.2)

출처: 인구주택총조사 각 연도
주석: 기타는 비거주용건물 내 주택

는 47.7%, 그리고 최근 2015년에는 59.9%까지 치솟았다(표 19 참조).

　아파트 건설을 선도한 지역은 역시 서울이었다. 두말할 나위도 없이 서울은 수도일 뿐 아니라 특히 한국경제의 심장이자 엔진의 역할을 담당해왔다. 1970년 서울에서는 전체 주택 가운데 아파트 비율이 3.9%를 차지했고, 1975년에는 7.9%로 증가했다가 1980년에는 19.0%까지 상승하면서 서울시내 아파트의 수는 1970년에 비해 7배 이상 증가했다. 1970년의 경우 전국의 아파트 가운데 71.9%가 서울에 몰려있었고 1980년에도 49.2%는 서울에 집중되어 있었다. '아파트 도시' 서울은 '아파트 나라' 대한민국의 견인차이자 축소판이었다.

아파트 비율 자체만 보면 박정희 시대는 오늘날에 비해 크게 뒤떨어지는 게 사실이다. 또한 주택보급률이나 자가율自家率도 1980년의 경우 각각 68.1% 및 86.7%에 머물러 있어 박정희 정권이 애초에 추구했던 주거복지 이상과도 괴리가 있다. 그럼에도 1960-70년대 박정희 시대가 한국에서 아파트 주거를 결정적으로 대세화, 보편화시켰다는 사실만은 누구도 부인하기 어렵다.

| 그림 28 | 현 서울의 아파트 밀집단지 전경

5. 아파트 시대의 사회학적 의미

그렇다면 박정희 시대의 아파트 위주 주택공급 정책은 궁극적으로 한국 사회에 어떤 영향을 남겼는가?

첫째는 급속한 산업화 및 도시화 과정에서 나름 주택문제를 해결하거나 해결의 실마리를 찾았다는 사실이다. 아파트 위주의 집합주택정책은 상대적으로 저렴한 주택의 신속한 대량공급을 통해 서민과 노동자계급의 주거문제에 성공적으로 대처한 측면이 있다. 만약 단독 내지 연립주택을 고집하고 한옥 형태에 집착했다면 도시지역의 주거난은 쉽게 극복되지 못했을 것이다. 요컨대 포디즘 방식의 주택공급은 적어도 개발연대에 있어서는 경제적 합리성에 입각한 것이라 보아야 한다. 게다가 서양식 주택으로 출발한 아파트는 부단한 기술적 진화 과정에서 다분히 한국화되었다. 오늘날 한옥과 아파트는 형태나 기능의 측면에서 점점 더 가까워지고 있다.

둘째, 아파트 공급은 서민들의 주거문제를 해결하면서 궁극적으로 자가自家 중산층을 육성하는 데도 기여했다. 민간 주도 주택시장에 대한 복지적 차원의 정부 개입은 '내 집 마련'이라는 꿈의 실현을 가능하게 했고, 결과적으로 주택 소유 계층이 크게 늘어나게 되었다. 이는 국가와 국민이 경제적으로 동반성장하는 과정에서 정부의 지원과 개인의 노력이 합쳐진 결과이다. 이러한 사실은 체제 안정이나 민주화 등 정치적 차원에서의 의미 또한 결코 가볍지 않다. 누구라도 성실히 일하면 자가 보유의 숙원이 가시권에 들어왔던 터라 노동자계급은 상대적으로 체제에 쉽게 동화될 수 있었다. 특히 1980년대 후반 좌경적 체제변혁운동 앞에서 자유민주주의를 보존하고 지켜낸 사회적 힘의 원천은 화이트 컬러 아파트 중산계급이었다. '건축이냐 혁명이냐?'를 묻고 건축이 혁명을 막을 수 있다고 주장한 아파트의 대부代父 르 코르뷔지에의 혜안은 한국에서도 결과적으로 적중했다.

셋째, 박정희 대통령의 기대와 예상처럼 아파트가 한국인의 주거생활을 혁명적으로 근대화시킨 대목을 간과할 수 없다. 아파트는 방범이나 치안, 온수, 위생 등의 측면에서 과거 단독주택 시대보다 삶의 질을 확실히 개선한 공로가 있다. 아파트 시대에 들어와 좀도둑은 크게 줄었고 불안한 골목길도 서서히 옛날이야기가 되었다. 하루종일 온수가 나오고 난방이 가동되는 데다가 화장실이 수세식으로 일제히 바뀐 것도 모두 아파트 시대의 개가다. 사회 전반적인 차원에서도 아파트는 행정비용의 감소, 정보화 사회의 발전, 토지 및 자원의 합리적 이용에 크게 기여하였다. 쓰레기 수거나 우편물 배달 등에

| 그림 29 | 1970년대 중산층 아파트 생활의 단면

출처: 대한주택공사, 주택건설(1976), 사진 제공 박철수

있어서 우리나라가 지금처럼 효율적이 된 것에는 아파트의 공이 크다. 세계 최고 수준의 정보화 강국이라는 점도 그 기술적 배경 가운데 하나는 고밀도 공동주거 형태다.

넷째, 아파트가 한국 사회에서 진정한 개인의 탄생에 기여한 측면을 결코 간과할 수 없다. 근대적 개인은 법적, 제도적 혹은 경제적 측면에서만 의미가 있는 것이 아니다. 대신 그것은 공간이나 주거의 측면에서도 함께 성찰될 필요가 있다. 아파트가 우리나라의 주택공급을 획기적으로 늘리기 이전, 이른바 '셋방살이'는 도시생활에서 매우 일상적인 풍경이었다. 셋방살이는 자기 집을 소유하지 못했다는 점에서가 아니라 여러 가구가 섞여 공동으로 거주했다는 점에서 인권, 자기결정권, 소통, 사생활 등에 걸쳐 불편한 요소가 많았던 주거방식이었다. 소유자이건 세입자이건, 평수가 넓든 작든, 본인과 자신의 가족이 아파트 벽을 경계로 하여 타인으로부터 격리되고 보호되기 시작한 것은 우리나라에서 아파트 시대가 최초로 이룩한 역사적 성과라고 볼 수 있다. 오늘날 한국인이 보여주고 있는 아파트에 대한 높은 선호 역시 과거 셋방살이 시대에 겪었던 집단적 트라우마가 일정 부분 반영된 것이 아닐까 싶다.

끝으로 아파트는 양성평등에 대해서도 괄목할만한 기여를 했다. 우선 아파트는 단독주택처럼 누군가는 반드시 안에서 집을 지켜야 하는 형태가 아니라 바깥에서 문을 잠그고 언제라도 외출할 수 있는 구조다. 따라서 아파트는 한국어에서 '안사람'의 개념을 퇴출시키는 결정적 계기가 되었다. 다시 말해 아파트는 여성 노동력의 사회적 진출을 측면에서 지원하는 새로운 주거형태였다. 더욱이 아파트라고 하는 주택 양식은 실내생활을 좌식으로부터 입식으로 변모시킴으로써 가족 구성원들의 상대적 평등화에도 영향을 끼쳤다. 식탁, 침대, 소파 등과 같은 소위 '신체가구'의 일상화는 여성들을 밥상 나르기나 이부자리 깔기와 같은 가사노동으로부터 해방시키는 전기가 되었다. 부엌이나 식당의 공간적 격상과 더불어 이들이 남녀노소 공용공간으로 변모하기 시작한 점도 아파트 시대가 초래한 가정 민주화의 한 단면이다.

물론 박정희 시대가 문을 연 아파트 시대는 이와 같은 긍정적인 요소만 있는 것이 아니다. 아파트 비판론에는 나름 일리 있는 지적이 많다. 대표적으로 아파트 거주의 보편화 이후 공동체 문화 혹은 사회자본이 감소했다는 주장이 있다. 말하자면 '이웃사촌'이 사라졌다는 진단이다. 아파트로 인한 도시경관의 삭막화나 주택 다양성의 소멸도 사회적으로 고민해야 할 과제임에 틀림없다. 아파트 시대에 들어와 한국인의 일평생이 주거문제에 올인all-in하게 된 것도 함께 풀어야 할 과제다. 집의 인문학적 본질보다는 주택의 경제적 가치나 구별짓기를 위한 사회적 수단이라는 점에 보다 더 큰 의미를 부여하게 됨으로써 벌어진 일이다. 이 과정에서 주택이 투자나 투기의 대상이 되고 궁극적으로 주거의 양극화가 심화된 점은 부인하기 어렵다.

6. 결론

오늘날 우리 주변에는 박정희가 선도한 아파트 시대의 역사적 내지 사회적 의미를 제대로 이해하지 못하는 이들이 많다. 아파트에 실제 거주하고 아파트를 내심 선호하면서도 '아파트 때리기' 담론에 동조하거나 공감하는 이율배반적 행태도 횡행하고 있다. 아파트라는 주거양식이나 주택 유형이 물론 절대선이나 최고 가치는 아니다. 강점과 장점이 있으면 약점과 단점도 늘 함께 있는 법이다. 문제는 작금의 '아파트 때리기'가 아파트 주거에 대한 합리적 시비나 이성적 토론이 아니라는 사실이다. 대신 그것은 박정희 시대 전반에 대한 정치적 부정이나 이념적 매도의 연장선 위에 반사적으로 자리 잡는 경향이 농후하다.

적어도 1960-70년대 고도 경제성장기에는 아파트의 대량공급 이외에 대안적인 선택은 없었다. 국가재정이 극도로 열악하고 그것마저 경제개발과 직접 관련된 부문에 우선 투자할 수밖에 없던 상황에서 민간 주도 주택공급은 불가피한 것이었고, 박정희 정부는 시장실패의 개연성을 주택시장에 대한 철두철미한 관리와 통제로 예방하고자 했다. 한편, 정부와 더불어 주택공급 연대를 형성한 대기업 혹은 대형 건설사 입장에서는 단독주택 건설이 아닌 대량생산·대량소비 양식의 아파트 공급체제에서 보다 큰 유인誘因을 느낄 수밖에 없었다. 일반 국민들의 입장에서도 아파트 시대에서 자가 장만의 기회를 포착했고, 이는 주거생활의 전반적인 근대화로 이어졌다.

거듭 말하거니와 아파트에는 그것 나름의 문제점이 많다. 그리고 아직도 우리나라는 주택문제의 구조적 폐단으로부터 자유롭지 못한 부분이 적지 않다. 하지만 그것이 곧 아파트 탓은 아니다. 특히 아파트가 새롭게 혹은 부가적으로 제기한 한국 사회의 주택문제는 많은 경우 박정희 시대 이후에 등장하거나 심화된 것들이다. 그러므로 박정희가 닦은 아파트 사회의 정초定礎는 무엇보다 당대의 경제적 합리성의 관점에서 이해할 필요가 있다. 그리고 그것의 착오를 고치고 과오를 바로잡는 것은 당연히 후대의 일이자 몫이다.

　　산업화의 화신化身 박정희는 처음부터 주택문제의 악화를 예상하고 이에 대해 아파트 공급체계로 대비했다. 그리고 그의 사후死後, 자유민주주의 체제가 친북·사회주의 이념의 공세 앞에 위태로웠던 격동의 1980년대 후반에 대한민국을 지켜낸 결정적인 힘은 아파트 유산자有産者 혹은 아파트 중산계급으로부터 나왔다. 박정희는 선지자先知者이자 해결사였다.

박정희 시대
환경정책의 평가

우리나라에서 환경문제가 사회적인 이슈로 인식된 것은 1960년대로서 박정희 정부가 경제개발 5개년계획을 추진한 이후부터라 할 수 있다. 1963년에 우리나라 최초의 환경 관계 법률이라 할 수 있는 「공해방지법」이 제정되었다. 이 법은 '공장이나 사업장 또는 기계·기구의 조업으로 발생하는 대기오염, 하천오염, 소음·진동으로 인한 보건위생상의 피해를 방지해 국민 보건을 향상'하는 데 목적이 있었다(그림 30 참조). 공해방지법은 규율 내용이 크게 미흡했을 뿐 아니라 동법 시행규칙이 1969년에야 제정되는 등 후속입법이 미비했던 것도 사실이다. 그럼에도 불구하고 환경문제에 대한 국가적 관심 자체를 고려할 때 우리나라의 공해방지법이 1968년 '로마클럽' 결성 5년 전에 제정되었다는 사실은 매우 의미심장한 일이다.

1972년 로마클럽은 환경오염과 자원 고갈 등을 이유로 인류의

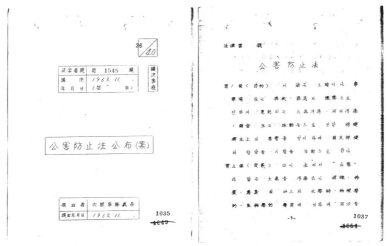

출처: 국가기록원

경제성장 추세가 100년 내에 한계에 도달할 것이라고 예측한 《성장의 한계*The Limits to Growth*》를 출간했다. 이를 계기로 같은 해 스웨덴 스톡홀름에서 열린 유엔인간환경회의에서 역사상 최초로 환경문제가 의제로 채택되었고, 유엔환경프로그램UNEP, United Nations Environment Program도 설립되었다. 1960년대 이후 경제개발계획이 본격적으로 진행되면서 우리나라도 환경문제에 대한 관심을 늘여나갔다. 1971년에 새로운 공해방지법이 발효되었는데, 이는 오염물질 배출시설의 경우 사전에 보사부장관의 허가를 받도록 하는 등 사전규제에 중점을 두었다.

환경에 대한 국제적 관심은 그 이후 더욱더 강화되어 1983년 유엔총회는 환경과 개발의 조화를 모색하기 위해 '환경과 개발에 관한 세계위원회WCED, World Commission on Environment and Development'를 구성하였다. 1986년에 WCED는 '우리들의 공통된 미래Our Common Future'라는 제목의 이른바 '브룬트란트 보고서Brundtland Report'를 채택하면서, '환경적으로 건전하며 지속가능한 발전Environmentally Sound and Sustainable Development'이라는 개념을 제안하였다. 1989년 유엔총회의 결정에 따라 1992년 브라질 리우에서는 유엔환경개발회의United Nations Conferences on Environment and Development라는 이름의 대규모 지구정상회담이 열렸고, 이때 '의제 21Agenda 21'이 채택한 '지속가능한 발전' 담론은 환경보호와 경제성장에 관련하여 지금도 가장 모범답안으로 인정되고 있다.

중요한 점은 한국의 환경사環境史와 지구적 환경사 사이에는 두드러진 격차나 시차가 존재하지 않았다는 사실이다. 물론 우리나라의 경우 초기에는 대체로 '약한' 환경정책이었다는 평가가 있다(문태훈, 1997). 무엇보다 환경정책은 국토정책, 교통정책, 도시정책에 밀려 있었다. 경제개발을 최우선으로 추진하던 당시의 사회 분위기 속에서 환경정책이 국가적 차원의 우선순위를 확보하기란 어려웠기 때문이다. 비非환경 정부부처들의 비협조에다가 기업들의 반대와 회피가 많았던 것도 부인할 수 없다. 게다가 환경단체들의 전문지식도 부족한 편이었고 환경운동의 정치세력화에 따라 환경문제 그 자체에 대해 초점이 정확하게 맞춰지지도 못했다.

그럼에도 불구하고 1980년대를 전후하여 우리나라도 환경문제를 초기의 공해 규제 그 이상의 보다 다양하고 광역적인 차원에서 접근하기 시작했다. 환경영향평가제도의 도입, 환경보호의 사전 예방적 접근, 현재 세대만이 아닌 미래세대의 환경권 보장 등 환경문제에 대한 글로벌 스탠더드를 선진국들과 공유하기 시작한 것이다. 1977년 「환경보전법」 제정, 1980년 보건사회부 내 환경청 설치 및 헌법상 환경권 조항 신설, 1990년 환경부 독립·승격 및 환경보전 원년 선포 등이 그동안 우리나라 환경정책의 대표적 주요 경과다.

물론 낙동강 페놀 식수 오염 사건(1991년), 낙동강 수질오염 사고(1994년), 시화호 오염 사건(1995년), 여천공단 오염 사건(1996년) 등 몇 건의 심각한 환경 관련 사건사고가 발생하긴 했다. 하지만 국제적으로 비교할 때 우리의 경우는 상대적으로 '선방한' 환경정책이라고 평가하지 않을 수 없다. 비록 '약한' 환경정책이긴 했지만 박정희 시대 경제개발 초기부터 환경 마인드가 도입되었고, 지식인이나 언론계의 지속적인 환경문제 제기로 성장 위주 경제정책에 대해 늘 일정한 긴장감을 부과했기 때문이다.

물론 현재 대한민국이 세계 최고의 환경 선진국은 아니다. 하지만 환경문제에 대한 우리 스스로의 능력을 망각하거나 객관적 위치를 외면해서도 안 된다. 무엇보다 박정희 대통령은 "세계 최초로 산업 발전과 환경보호 정책을 동시에 실시"한 지도자였다(박창근, 2014). 또한 "우리나라는 서구 산업국가들과 비교해 환경오염 심화의 기간이 짧았으며, 산업화 초기부터 오염 배출이 적은 첨단 기술과 시설에 의존할 수 있었기 때문에 심각한 환경오염의 발생을 상당부분 미연에 방지할 수 있었다"(홍욱희, 2008). 말하자면 이는 경제성장 후발자後發者의 이점이었다.

중화학공업화 시대에도 박정희는 공해 발생 요인이 없는 전자산업을 제외하고 모든 공단을 바닷가로 옮겼다. 또한 제철과 석유화학 등 대규모 공해배출업체는 서로 합쳐놓지 않으며, 비철금속, 제련 등 공해 배출이 큰 업체는 온산공단처럼 한 군데 모아놓고 집중 관리하도록 했다(오원철, 2006). 한편, 미국의 한 유력 일간지는 "한국전쟁 30년 만에 남한은 황무지wasteland에서 산림국가woodland로 변모"하였다고 보도하기도 했다(NYT, 1985.7.7.). 앞에서 언급한 박정희 대통령의 그린벨트 설치도 도시 및 국토공간의 환경보존에 대해 매우 중요한 기여를 남겼다.

　　결과적으로 박정희 시대가 이룩한 경제성장이 환경문제 해결을 위한 핵심 열쇠가 되기도 한다. "환경파괴와 환경오염의 핵심 요인은 전쟁과 빈곤"이라 말하는 맥닐(2008)은 이런 점에서 왜 한국이 환경문제 해결에 있어서 모범국이 되었는지를 설명한다. 한국은 1960년대만 해도 아프리카의 가나Ghana보다 가난했다. 그리고 1960년대 이후 적지 않은 환경 대가를 치르기도 했다. 하지만 지금 대한민국은 생태적 혼란을 극복하는 데 있어서 가나보다 훨씬 더 좋은 위치에 있다. 이유는 대한민국이 훨씬 잘 살고 더 부유하기 때문이다. 1971년 8월, 공해방지법 시행령이 경제장관회의에 처음 상정되었을 때 당시 김학렬 부총리는 "공해문제가 중요한지는 나도 알아. 그러나 (…) 지금은 경제건설부터 먼저 할 때야. 공해방지 시설은 앞으로 공장들이 번 돈으로 하면 돼"라고 말했다고 한다(문태훈, 1997 재인용). 돌이켜보면 그게 정답이었다.

목하 우리나라에서의 환경문제 논의는 지나치게 정치화, 정략화되어 있다. 이에 반해 박정희는 실사구시實事求是 정신을 견지했다. 아닌 게 아니라 우리나라 환경 담론의 첫 단추는 박정희 시대의 권위주의 통치에 대한 정치적 반대의 성격이 강했다. 말하자면 환경문제가 정치 지향적 사회운동으로 출범한 것이다. 그리고 이러한 전통은 지금도 남아있어 환경문제의 본질을 흐리기 일쑤다. 예컨대 리영희(1988)는 이른바 '진보적' 지식인으로서 남북한의 환경문제에 대해 이념적 잣대를 들이대는 치명적인 오류를 범했다. 6·25전쟁 당시 본인의 체험에 입각하여 "치산치수에 성공한" 북한에 높은 점수를 주면서 그는 박정희 정부의 산림녹화에 대해서는 한마디도 언급하지 않았다. 산림을 포함한 북한의 자연환경 황폐화는 세상이 다 아는 일임에도 불구하고 말이다.

환경 담론의 정치화 못지않게 그것의 교조화도 우리나라에서는 시급히 극복해야 한다. '자연으로 돌아가자'는 식의 환경근본주의

| 그림 31 | 박정희 정부의 산림녹화사업

출처: (좌) 산림청

가 국가 불신을 통해 환경정책의 개발에 도움을 주기보다는 오히려 문제가 되고 있다는 점은 기든스(2009)도 적절히 지적한 바 있다. 그리고 그는 "세상에 아무런 문제도 따르지 않는 해결책은 없는 법"이라고 충고한다. 그러므로 실사구시의 정신으로 그때그때 최선의 정책을 실시하는 것에 만족해야 한다. "무릇 정책은 만들어지는 것이 아니라 쌓여가는 것"이기 때문이다(김형국, 2012). 환경 선진국과는 달리 한국에서는 환경과 개발이라는 이분법이 유난히 강하다. 하지만 예컨대 유럽 강변도시의 아름다움이란 도시계획 혹은 도시 조영의 아름다움이다. 곧, 그냥 흘러가는 자연의 조화가 아니라 거기에 손을 서서 꾸며내는 인간 의지의 조화인 것이다. 우리에게 '자연'처럼 주어져 있는 모든 것은 사실 오랜 세월에 걸쳐 인간이 만들어낸 '문화'다(최정호, 2012). 우리는 자연환경을 절대선으로 인식하지만, 선진국에서는 '환경+개발=문화'라고 생각하는 것이다.

제6장

결론

제6장

결 론

　　이 책은 박정희 시대의 공간정책을 국토, 교통, 도시의 측면에서 개괄하고 평가한 것이다. 또한 공간 문제에 대한 종합적 이해를 위해 보론의 형식으로 환경정책을 포함시켰다. 경제성장의 관점에서 박정희를 연구한 저작은 무수히 많다. 공공계획의 관점에서 박정희 시대를 연구한 저작도 적다고 말하기는 어렵다. 이에 비해 이 책은 경제성장과 공공계획의 저변에 나타난 '공간 전략가' 혹은 '공간 설계자' 박정희에 집중 주목하는 것으로 기존의 연구와 차별화를 모색하였다.

　　제2장에서는 이론적인 차원에서 근대국가와 발전국가가 공간 문제와 맺고 있는 각별한 관계를 논의하면서, 국가 주도 경제성장 과정에 나타난 '공공계획가'로서의 박정희의 면모와 위상을 조명하였다. 제3-5장이 이 책의 핵심 내용인데, 먼저 제3장은 국토정책을 다

루었다. 여기서는 경제개발 5개년계획과 국토종합개발계획을 중심으로 산업도시와 공업단지 등 공간이 생산되고 성장거점과 권역개발을 통해 공간이 재배치되는 내용이 다루어졌다. 국토의 효율적 이용과 균형적 발전이 동시에 도모되는 이면에서, 산업화의 주역과 무대가 농업에서 공업으로, 제조업에서 중화학공업으로, 대도시 중심에서 지방 및 임해공업지역으로 변천하는 과정을 담았다.

제4장은 교통정책으로 철도, 도로, 항만 및 공항의 주요 교통정책에 대한 이야기다. 초기 경제성장 과정에서 핵심적 물류수단 역할을 담당했던 산업철도를 자세히 살펴보고, 60년대 후반 이후 철도 중심에서 도로 중심 정책으로 대전환되는 배경과 원인을 고찰하였다. 특히 이 과정에서 등장한 경부고속도로의 건설 과정 및 성과를 집중 분석하였다. 일제가 남긴 소수의 항만을 기반으로 그동안 양적 확충 및 질적 개선을 꾸준히 이루어낸 사정, 그리고 국적기 한 대 없던 상황에서 오늘날 세계적인 항공강국의 기틀이 만들어지는 경과도 짧게나마 살펴보았다.

제5장은 도시정책 분야다. 먼저 산업화가 동반한 급속한 도시화 과정을 개괄하였으며, 도시화가 제기하는 각종 사회문제 해결을 위해 등장한 도시계획적 대응을, 주로 서울을 중심으로 살펴보았다. 과도한 서울 집중을 해소하기 위한 박정희 대통령의 인구분산 정책을 검토한 다음, 김현옥 시장 주도로 오늘날 서울의 기본 공간구조가 형성되는 과정을 고찰하였다.

보론의 형식으로 박정희 시대의 주택정책과 환경정책을 각각 평가하였다. 한국적 주택 공급체제의 도입을 통해 오늘날의 아파트 주거문화를 선도한 박정희 정부는 당시 심각한 주택난 해소는 물론 아파트 중산층의 육성을 통해 경제발전의 초석을 다졌을 뿐 아니라 민주주의의 공고화에도 기여했다. 또한 환경정책에 무관심했다는 편견과 달리 박정희 정부는 환경문제 대처에 비교적 선방하였고, 결과적으로 그 시대가 이룩한 경제성장이 오늘날 환경문제 해결의 열쇠가 되고 있다는 점을 지적하였다. 선진국일수록 환경문제가 적은 것은 이 때문이다.

박정희는 한국의 고도 경제성장을 이끈 발군의 '공공계획가 public planner'였다. 이와 동시에 그는 탁월한 '공간 설계자space designer'이기도 했다. 그는 경제성장의 각 단계에 맞춰 필요한 공간 생산과 배치에 능란한 인물이었다. 그리고 그는 장기적으로, 종합적으로 공간 문제를 다룰 줄 알았다. 비록 박정희의 국토정책이 불균형 성장에서 출발하긴 했지만, 그는 균형성장 문제를 늘 고민하고 배려했다. 또한 공간과 공간 사이를 잇는 교통정책을 공간정책에 통합시켰다. 더불어 박정희는 국토정책, 도시정책, 교통정책에 의해 환경문제가 희생되지 않도록 처음부터 배려했던 지도자였다. 돌이켜보면 박정희의 공간정책은 1960-70년대 '개발독재' 시절에서나 가능할 법한 일이었을지 모른다. 하지만 공은 공대로 남기고 과는 과대로 고치면 되는 것이 역사의 발전이 아닌가 한다.

참고문헌

| 국내도서 및 논문 |

건설교통부, 1972.『건설통계편람』.

국토개발연구원, 1996.『국토50년 21세기를 향한 회고와 전망』.

국토연구원, 2008a.『상전벽해 국토 60년: 정책편』.

국토연구원, 2008b.『상전벽해 국토 60년: 사업편』.

국토교통부,『국토교통통계연보』.

권용우 외, 2014.『우리 국토 좋은 국토: 국토관리의 패러다임』, 사회
　　　평론.

권용우, 2014. "생활국토시대" 권용우 외,『우리 국토 좋은 국토: 국
　　　토관리의 패러다임』, 사회평론.

권태준, 1998. "서구 19세기 국가 합리화 과정 - 공공계획의 절충주
　　　의적 한계," 권태준 외,『도시·환경과 계획』, 한울.

김광득, 2000. "도로 발달 이야기", 『월간 교통』, 33, 교통개발연구원, pp.66-71.

김교신, 1993. 『조선지리소고』, 성천문화아카데미.

김동완, 2013. "불균등발전과 국가공간," 『국가와 지역』, 알트.

김백영, 2010. "경부고속도로와 한국의 도시 회랑 형성," 최영준 외, 『고속도로의 인문학』, hi-pass.

김정렴, 2006. 『최빈국에서 선진국 문턱까지』, 랜덤하우스중앙.

김한상, 2010. "담론의 승리: 박정희 정권기 고속도로의 문화적 건설," 최영준 외, 『고속도로의 인문학』, hi-pass.

김형국, 1983. 『국토개발의 이론연구』, 박영사.

_____, 1997. 『한국공간구조론』, 서울대출판부.

_____, 2012. "기후변화 시대와 강: 영산강의 현재와 미래," 전상인·박양호 (공편), 『강과 한국인의 삶』, 나남.

김형찬·원용진, 2007. "1960년대 대중음악에 반영된 도시화의 양태", 『낭만음악』, 20(1), pp.115-151.

대한민국정부, 1971. 『국토종합개발계획』.

대한상공회의소 공업입지센터, 1991. 『공업단지현황』.

리영희, 1988. 『역정』, 창비.

문태훈, 1997. 『환경정책론』, 형설출판사.

박배균·김동완(엮음), 2013. 『국가와 지역』, 알트.

박배균, 2013. "지역균형과 국가공간론" 『국가와 지역』, 알트.

박양호, 2014. "세계 속의 우리 국토," 권용우 외, 『우리 국토 좋은 국

토: 국토관리의 패러다임』, 사회평론.

박창근, 2014.『환경보호 대통령 박정희』, 가교.

손정목, 2002. "1966년과 불도저시장 김현옥의 등장", 도시50년사⑦,
『도시문제』, 37(406), 대한지방행정공제회.

_____, 2003a.『서울 도시계획 이야기1』, 한울.

_____, 2003b.『서울 도시계획 이야기2』, 한울.

_____, 2003c.『서울 도시계획 이야기3』, 한울.

_____, 2003d.『서울 도시계획 이야기4』, 한울.

_____, 2003e.『서울 도시계획 이야기5』, 한울.

손정원, 2006. "개발국가의 공간적 차원에 관한 연구: 1970년대 한국
의 경험을 사례로,"『공간과 사회』, 25.

염복규, 2014. "붕괴된 신화, 지속되는 신화-김현옥 건설시정과 와우
아파트 붕괴사고가 남긴 것",『역사비평』, 2014.8, pp.12-34.

위영, 2009. "경부고속도로 건설 기록과 기억으로 만나다",『기록인』,
vol.7 pp. 88-97.

오원철, 2006.『박정희는 어떻게 경제강국 만들었나』, 동서문화사.

윤영모, 2016. "국토종합계획의 연혁과 수립현황,"『국토』, 411.

이철우, 2007. "한국의 철도발달과 산업사회의 갈등",『국제평화』,
4(1), pp.276-310.

이태진, 2005.『서울대 이태진 교수의 동경대생들에게 들려준 한국
사』, 태학사.

임서환, 2005.『주택정책 반세기』, 기문당.

일사회, 2011.『그 세월의 뒷모습 - 한국환경야사』, 홍문관.

장성수, 1994. "1960-1970년대 한국 아파트의 변천에 관한 연구," 서울대 박사논문.

전상인, 2009.『아파트에 미치다: 현대한국의 주거사회학』, 이숲.

_____, 2010. "우리 시대 도시담론 비판 - 동네의 소멸과 감옥도시에의 전조,"『한국지역개발학회지』, 22(3).

_____, 2014. "행복에 대한 공간사회학적 성찰,"『문화와 사회』, 16.

조명래, 2003. "도시화의 흐름과 전망-한국 도시의 과거, 현재, 미래",『경제와사회』, 60, pp.10-39.

차미숙, 2008. "가난한 농촌에서 쾌적한 삶의 공간으로",『국토』, 324호, pp.34-41.

철도청, 1982.『철도통계연보』.

최광승, 2010. "박정희는 어떻게 경부고속도로를 건설하였는가",『정신문화연구』, 33(4), pp.175-202.

최정호, 2012. "에필로그: 미래의 강, 문화의 강," 전상인·박양호 (공편),『강과 한국인의 삶』, 나남.

한국경제60년사 편찬위원회, 2011.『한국경제 60년사Ⅳ. 국토·환경』, 한국개발연구원.

한국교통연구원, 2006.『교통발전의 발자취 100선』.

한국도로공사, 2008.『고속도로의 역사』.

황철수, 2014. "국가지리정보체계," 권용우 외,『우리 국토 좋은 국토: 국토관리의 패러다임』, 사회평론.

홍성태·이명진, 2016. "자치민주주의의 사회적 조건: 마을만들기를 넘어 '마을 민주주의'로," 한국사회학회·대구경북학회 주최, 한국사회학회 지역순회 특별심포지엄 〈한국민주주의의 미래 III, 영남정치와 한국의 민주주의〉 발표자료.

홍욱희, 2008. "(해제) 지난 세기 환경의 역사에서 우리 환경의 미래를 엿본다," J.R. 맥닐, 홍욱희 (옮김), 『20세기 환경의 역사』.

| 외국도서 및 번역본 |

게오르그 짐멜, 김덕영·윤미애 (옮김), 2005. 『짐멜의 모더니티 읽기』, 새물결.

데이비드 하비, 구동회·박영민 (옮김), 1994. 『포스트모더니티의 조건』, 한울.

마크 레빈슨, 이경식 (옮김), 2017. 『더 박스, 컨테이너는 어떻게 세계 경제를 바꾸었는가』, 청림출판.

미셸 푸코, 오생근 (옮김), 2003. 『감시와 처벌: 감옥의 탄생』, 나남.

발레리 줄레조, 길혜연 (옮김), 2007. 『아파트 공화국』, 후마니타스.

앙리 르페브르, 양영란 (옮김), 2011. 『공간의 생산』, 에코리브르.

앤서니 기든스, 홍욱희 (옮김), 2009. 『기후변화의 정치학』, 에코리브르.

에드워드 소자, 이무용 (옮김), 1997. 『공간과 비판사회이론』, 시각과 언어.

이-푸 투안, 구동회·심승희 (옮김), 1995. 『공간과 장소』, 대윤.

J. R. 맥닐, 홍욱희 (옮김), 2008. 『20세기 환경의 역사』, 에코리브르.

제임스 C. 스콧, 전상인 (옮김), 2010. 『국가처럼 보기』 에코리브르.

존 어리, 윤여일 (옮김), 『사회를 넘어선 사회학』, Humanist.

존 어리, 김현수·이희상 (옮김), 2014. 『모빌리티』, 아카넷.

질 들뢰즈·펠릭스 가타리, 김재인 (옮김), 1996. 『천개의 고원』, 새물결.

Albert Hirschman, 1958. *The Strategies of Economic Development*, Yale Univ. Press.

Bob Jessop, 1990. *State Theory: Putting Capitalist State in their Place*, The Penn State Univ. Press.

David Harvey, 2009. *Social Justice and the City*, Univ. of Georgia Press.

Edward E. Soja, 2010. *Seeking Spatial Justice*, Univ. of Minnesota Press.

Gregg Easterbrook, 1995. *One Moment on the Earth: The Coming Age of Environmental Optimism*, Viking Adult.

Martin Meyerson and Edward Banfield, 1964. *Politics, Planning and the Public Interest*, The Free Press of Glencoe.

Meredith Woo-Cumings, 1999. The Developmental State, Cornell Univ. Press.

Michel Foucault, 1986. "Of Other Spaces," *Diacritics* 16(1).

Neil Brenner, 2004. *New State Spaces*, Oxford Univ. Press.

Peter Evans, Dietrich Rueschemeyer and Theda Skocpol (eds.), 1985. *Bringing the State Back In*, Princeton Univ. Press.

| 신문 및 보도기사 |

국민일보, '산업철도에서 관광철도로...정선선 개통 50년 '새로운 변신'', 2017.1.12.

월간조선, '회갑 맞은 58년 개띠들이 말하는 한국 현대사', 2008년 1월호.

월간조선, '21세기는 철도 전성시대 (1) 철도가 대한민국의 희망이다', 2008년 10월호.

월간조선, '조중훈과 한진 하늘길과 바닷길을 개척해 輸送報國의 기틀을 다지다', 2011년 1월호.

서울역사박물관 보도자료, '불도저 시장 김현옥 시장', 2016.06.29.

중앙일보, '박정희 "국적기 타고 해외 가봤으면"… 대한항공의 시작', 2015.11.03.

조선일보, '다시 고개드는 서울 아파트값…8·2대책 6주 만에 상승 전환', 2017.09.14.

정책브리핑, '실록 부동산정책 40년(18), 서울은 차라리 방치하는 게…부동산 문제와 균형발전', 2007.03.22.

한국경제, '지역경제 먹여 살리는 국가산업단지 누계 생산액 많은 곳은?', 2018.04.13.

한경비즈니스, '[대한민국 60년 기업 60년] 무에서 유 창조..땀과 의지의 산물-한국경제를 바꾼 위대한 순간 베스트 5', 2008.8.21.

| 인터넷사이트 |

국가기록원 http://www.archives.go.kr/

국가통계포털 http://kosis.kr/

김포국제공항 http://www.airport.co.kr/gimpo/mail.do

e영상역사관 http://www.ehistory.go.kr/

서울시청 htp://www.seoul.go.kr/

서울시정보소통광장 https://opengov.seoul.go.kr/

서울역사박물관 http://www.museum.seoul.kr/

| 사진자료 |

국가기록원 http://www.archives.go.kr/

뉴스 라이브러리 http://newslibrary.naver.com/

대한민국정부, 1971. "제1차 국토종합계획(1972-1981)".

대한주택공사, 1976. 『주택건설』 화보집.

연합뉴스.

산림청 https://www.forest.go.kr/

서울역사박물관 http://www.museum.seoul.kr/www/NR_index.do?sso=ok

공간 디자이너 박정희

초판 1쇄 발행일 2019년 1월 10일

지은이 전상인
펴낸이 안병훈
펴낸곳 도서출판 기파랑
디자인 커뮤니케이션 울력
등록 2004년 12월 27일 제300-2004-204호
주소 서울특별시 종로구 대학로8가길 56(동숭동 1-49) 동숭빌딩 301호
전화 02-763-8996(편집부) 02-3288-0077(영업마케팅부)
팩스 02-763-8936
이메일 info@guiparang.com

ISBN 978-89-6523-633-7 03300